De Perzen: Dramatisch Dichtstuk

Aeschylus, Isaäc Da Costa

Nabu Public Domain Reprints:

You are holding a reproduction of an original work published before 1923 that is in the public domain in the United States of America, and possibly other countries. You may freely copy and distribute this work as no entity (individual or corporate) has a copyright on the body of the work. This book may contain prior copyright references, and library stamps (as most of these works were scanned from library copies). These have been scanned and retained as part of the historical artifact.

This book may have occasional imperfections such as missing or blurred pages, poor pictures, errant marks, etc. that were either part of the original artifact, or were introduced by the scanning process. We believe this work is culturally important, and despite the imperfections, have elected to bring it back into print as part of our continuing commitment to the preservation of printed works worldwide. We appreciate your understanding of the imperfections in the preservation process, and hope you enjoy this valuable book.

DE PERZEN,

DRAMATISCH DICHTSTUK.

DE PERZEN

DRAMATISCH DICHTSTUK;

NAAR HET GRIEKSCH VAN

ESCHYLUS,

DOOR

I. DA COSTA.

Te AMSTERDAM,
bij P. DEN HENGST en ZOON.
MDCCCXVI.

888
A2p
tC 83
BulR

AAN DE

WEL EDELE HEEREN

Mr. W. BILDERDIJK

EN

Mr. D. J. VAN LENNEP.

Aan de eedle twee, wier oog mijn wankle fchreden
    Op 't glibbrig pad der Dichtkunst gadeflaat,
Tot Hollands eer door beider voet betreden,
    Biedt hier mijn hand in Nederlandsch gewaad,
Den grootfchen zang van d'oorlogshaften dichter,
    Wien Melpomeen haar eersten lauwer fchonk,
Wiens naam en roem, als Kunst- en Vrijheidsftichter
    Nog in den vloed der eeuwen niet verzonk;
Den grootfchen zang, roemruchtig zegeteeken
    Op vreemd geweld en dwingelanden waan,

Door d'eigen arm, die 't vaderland hielp wreken,
 Gevestigd eens, om nimmer te vergaan.
Maar wien, wien durft mijn lente 't bloemtjen wijden,
 Onfierlijk kroost van d'eersten zonnegloed?
Aan 't hoog vernuft, den glans van onze tijden,
 In 't heiligdom der Dichtkunst opgevoed;
Wiens ftoute veêr, in d'opgang van zijn jaren
 Een Sophocles in 't Hollandsch lied herfchiep,
Die op den klank der onweêrftaanbre fnaren
 Den outerdienst van d'echten fmaak herriep?
En hem, die meê in vaderlandfche ftreken
 Zoo menig fpruit der Grieken heeft herplant;
Wiens kindschheid reeds de Roomfche luit deed fpreken,
 Niet wagg'lend in de meesterlijke hand;
Wien de eigen gloed het hart wordt ingedreven
 Door Latiums en Hollands dichtrengoôn?
Het is aan U, door zoo veel roem verheven,
 Door 't fijnst gevoel voor 't hemelsch kunstenfchoon,
Dat geestdrift voor de kunst, wellicht vermeten,
 Een gunstig oor, voor wat ze voortbracht, vraagt.

         Wat

Wat zeg ik? Neen: niet aan de puikpoëten,

   Waar de oude vest des Amstels roem op draagt,

Verstout ik mij, dees ruwen zang te heiligen,

   Op dat hun naam, op Pindus aangebeên,

De teêre vrucht der jonkheid mocht beveiligen,

   Of als een gift, hun grootheid waardig; neen!

Wier milde zorg geleerdheids eêlste schatten

   Ontdekt heeft aan 't verlangen van mijn jeugd,

En in dien les den kostbrer wist te omvatten

   Van 't ware goed, van wijsheid, recht, en deugd;

Dien biedt mijn hart dees versch gelezen bloemen

   Van Griekschen stam, offchoon verbasterd, aan.

Vermocht mijn tuin op geurig loof te roemen,

   Of gaârde ik eens op de ingerende baan

Lauwrier en palm, den prijs van dichtrenzangen,

   Ik sierde er u den achtbren schedel meê.

Wilt dan dees blaân toegefelijk ontfangen,

   En met dees blaân, de oprechtste hartebeê.

Bloeit, bloeit nog lang om kennis te verspreiden,

   Om Hollands eer te staven, om de bloem

Der jonglingfchap op 't eenzaam fpoor te leiden,
 Dat naar de bron van Wijsheid voert en Roem!
Brengt hen te rug, der Dichtkunst gouden dagen
 Op Neêrlands grond, als Griekens, thans weêr vrij!
En word' haar dank u beiden opgedragen
Van ba- tot nageflacht, zoo vurig als van mij!

DA COSTA.

VOORREDE.

*E*en enkel tooneel van Eschylus Perzen, oefeningshalve door mij in Hollandsche verzen overgezet, bracht mij op het besluit, een zoo genoegelijken arbeid aan het gantsche stuk te besteden. De vrucht van dezen arbeid deel ik thans mijnen landgenooten mede, niet in den waan, hun hierdoor een juist denkbeeld van het oorspronkelijke in hunne moedertaal te geven, maar met zucht om de aandacht nader te vestigen op een dichter, mijns oordeels, niet genoeg naar mate van zijne buitengewone verdiensten gelezen en geacht. Misschien mag dit stuk in deze tijden eenig bijzonder belang inboezemen, uit hoofde van eene in het oog loopende overeenkomst tusschen deszelfs onderwerp en de jongste gezegende gebeurtenissen in Europa. Voor de eer echter der personaadjen van dit stuk (die in al hunne rampen toch altoos eene recht eerbiedenswaardige grootheid behouden) had ik niet gaarne dat men deze overeenkomst te veel in détail toepaste. Het geen ik voorts over den dichter-zelven en zijne Perzen te zeggen had, heb ik bewaard voor de Inleiding van eenige Aanteekeningen, achter de overzetting gedrukt. Deze Aanteekeningen hebben voor het grootste gedeelte geen ander doel dan de verklaring van het geen nog in ons Hollandsch voor den min bedrevene eenige moeilijkheid kan hebben, als toespelingen op oude gebeurtenissen, namen van landen en steden, en meer diergelijks. Zomtijds ook heb ik gemeend rede te moeten geven van den zin, waarin ik de eene en andere plaats van het oorspronkelijke opgevat en overgebracht heb. Dramatisch Dichtstuk voeren de Perzen in mijne navolging ten tijtel, om dat ik vreesde, dat het Griekſche woord Τραγῳδία door Treurſpel uitgedrukt, een verkeerde gedachte van hetgeen men bij de lezing te verwachten heeft, zou doen geboren worden. Er is voorzeker onder alle de oude dichters niemand, wiens Tragediën meer van wat men tegenwoordig met den naam van Treurſpel beſtempelt afwijken, dan die van Eschylus. Laat mij eindelijk nog dit,

be-

VOORREDE.

betreffende mijn eigen werk, aanmerken, dat ik in het aannemen der geslachten, en het regelen der spelling mij voornamelijk heb gedragen naar de gronden, aangegeven door den Heer Mr. BILDERDIJK, *in zijne* Verhandeling over de Geslachten der Naamwoorden.

Moge de hooge bewondering, waarmede de grootheid van den oorspronkelijken dichter mijn hart steeds vervuld heeft, haren invloed op deze navolging uitgeoefend hebben! Het is hier aan alleen en geenszins aan eigene verdiensten, dat ik een gunstig onthaal van mijnen arbeid, bijaldien mij dit te beurt viel, zou hebben te danken!

PERSONAADJEN.

XERXES, *Koning van Perzië.*

ATOSSA, *weduwe van Darius en moeder van Xerxes.*

REI VAN PERZISCHE GRIJZAARTS.

DE SCHIM VAN DARIUS.

EEN BODE.

Het Tooneel is te Suze, in den voorhof van het koninklijk paleis, nabij het graf van Darius.

DE PERZEN,

DRAMATISCH DICHTSTUK.

EERSTE TOONEEL.

DE REI.

Het heir der Perziaanfche fcharen
Dat voor 't gewoel der krijgsgevaren
Den vaderlandfchen grond verliet,
Heeft ons de zorg van al hun fchatten
Op 's konings voorbeeld op doen vatten,
Die heel zijn machtig rijksgebied
Vertrouwde aan dees zijn uitverkoren.
   Darius dierbre telg! ach keer!
Breng ons die fiere manfchap weêr!
O! mocht ik 't voorgevoel verfmoren
Dat mij een gruwzaam lot voorfpelt!
Trok niet heel Azië te veld?
Terwijl we in eindelooze klachten
Om onze jonglingfchap verfmachten,

Vergee's van dag tot dag verbeid:
En in de wreedste onzekerheid
Een bô zelf vruchteloos verwachten.
Gij Suze, Cisfa, Ekbataan!
Gij zaagt uw muren dan verlaten,
Uw jeugd, gewapend tot foldaten,
In woesten moed' naar 't strijdperk gaan.
Hen voert de bloem van onze Grooten,
Amistris, Artaphernes aan,
En Megabazes, deelgenooten
Van vorstelijke macht en eer,
En hoofden van een talloos heir
Van zaamgedrongen ruiterscharen
En schutters vol ervarenheid;
Een leger, tuk op krijgsgevaren,
Wiens enkele aanblik schrik verspreidt.
Niet minder uitgelezen helden
Verzellen stouten Pharnaces
Iméus en Artembares;
Daar zelfs de korenrijke velden,
Bevrucht door 's Nijlstrooms koestrend flijk,
Ontelbare onverschrokken benden
Volijvrig tot hun koning zenden.
Pegaston, in 't Egyptisch rijk
Geboren, en die Memphis muren
En Thebes oude vest besturen,

Zijn

DRAMATISCH DICHTSTUK.

Zijn aan de spits dier legermacht.
'T moerasfig land geeft vlugge knapen
Om 't handig roeijen hooggeächt.
De Lydiër, in wulpfche pracht
Verzonken, rukte meê te wapen,
En volgt geheel het vaste land,
Dat van het edelst krijgsvuur brandt,
En fchaart zich moedig om de vanen
Van 's konings machtigfte onderdanen,
Wien hij dees streken heeft vertrouwd.
Het vorstlijk Sardes, rijk in goud,
Geeft keur van kostbre wagenfcharen,
Wier breede rangen ijzing baren.
Maar Mardon voert van Tmolus voet
Zijn krijg'ren aan, in 't heetst verlangen
Den Griek in ketenen te prangen.
Het roemrijk Babel zendt een stoet
Van fcheeplingen, en fchuttersdrommen
Die met geoefend oog en hand
Den taaien boog nooit vruchtloos krommen.
Ja! heel dit uitgeftrekte land
Heeft, wat maar wapenen kon dragen,
Verlaten, en zijn' vorst verzeld.
Nu flijten we onze droeve dagen,
Het hart vol zorgen en bekneld.
Bij ouders beide en echtgenooten,

DE PERZEN,

Steeds in hun hoop te leur gesteld,
Dient ieder dag, met angst geteld,
Slechts om hun kommer te vergrooten.

KEER.

Ontzachlijk heir! Gij zijt gegaan:
Gij hebt den Griekschen grond betreden,
En brengt den vijand en zijn steden
In ieder tred verwoesting aan.
De zee, die Hella heeft verzwolgen,
Had u vergeefs den weg ontzegd;
Haar heeft, hoe schriklijk ook verbolgen,
Uw arm in ketenen gelegd.

TEGENKEER.

De koning heeft aan alle kant
'T verraschte Grieken overvallen,
Met onze duizend-duizend tallen,
Ter zee gewapend en te land.
Hij voert hen aan, met al de Grooten
Omgeven van zijn bloeijend rijk;
De vorst, uit Godenbloed gesproten,
En Goden-zelf in rang gelijk!

Met oogen schitt'rend van den gloed
Van heldenvuur en leeuwenmoed,
En op een rijkverfierden wagen

Aan

Aan 't hoofd der benden omgedragen,
Voert hij den Perziaanfchen boog
De Griekfche fpietfen tegen.
Wat vijand hoopt nog op de zegen,
Die tegen hem ten ftrijde toog?
Wie waagt het, de opgezwollen ftroomen
Met dijk of paalwerk in te toomen?
Zoo fchriklijk zijt ge, o Perzisch volk!
Maar ach, een akelige wolk
Benevelt, blijde hoop! uw luister:
Der Goden wegen zijn ons duister:
Wat fterv'ling kan hun wil weêrftaan?
Des noodlots ijzren wet ontgaan?
Of 't loosgefpannen net vermijden,
Hem door der Goden hand gefpreid?
Te dikwerf door hun gunst misleid,
Tracht hij zijn loopkring te verwijden;
En, altijd verder afgedwaald,
Ziet hij zich eindelijk verraden!
Vervoerd op afgelegen paden,
Waar alle vluchtenspoging faalt!

   EERSTE KEER.
Der Goden bijftand heeft dit land
Beveiligd, en van alle kant
 Ten welvaarts top verheven.
Dankt, Perzen! dankt het haar alleen,

6   DE PERZEN,

Die zelfs de fterkst bemuurde fteen
.Voor uwe vuist deed beven.

EERSTE TEGENKEER.

Dankt haar, die u den wijden vloed,
In 't golven fchuimend en verwoed,
 In 't eind deed overkomen.
Toen ge u een veilgen overtocht
Op zaamgebonden kielen wrocht,
 Betemmers van de ftroomen!

TWEEDE KEER.

O! laat die gunst u nooit verlaten!
Klink' nooit die rouwkreet door uw ftraten,
 O Suzes teêrgeliefde vest!
Die kreet, wiens doffe klank mijn harte
Ontzet door ongekende fmarte;
 WEE, WEE HET PERZISCHE GEWEST!

TWEEDE TEGENKEER.

Begeeft mij, aaklige gedachten!
Zoudt ge ook, o Cisfa, van die klachten
 Weêrgalmen in uw hoogen wal?
Uw vrouwen zich de fluijers fcheuren,
Door geen vertroosting op te beuren,
 In wanhoop om des legers val?

DER-

DERDE KEER.

Gelijk een dichte bijënwolk
Stoof overal het dappre volk
Uit onze rijkbewoonde steden.
De zee, die ons van d'overkant
Wou weeren, ligt gedwee in band:
En Xerxes leger heeft Europische aard betreden.

DERDE TEGENKEER.

De teedre vrouw flijt dag en nacht
In afgebroken klacht op klacht,
En 't eenzaam bed is nat van tranen.
Het jeugdig, zacht gevoelend hart
Kwijnt weg in nooit verpoosde smart,
Om d'egâ die haar liet voor 's konings heldenvanen.

Waartoe, waartoe, die ramp gespeld?
Neen! voelen we ons van zorg doorknagen
Voor hunne ons overdierbre dagen;
Kom, laten we eer naar de aankomst vragen
Eens boden, die ons licht den staat van 't leger meldt,
En tijding geeft van 's vorsten leven,
En wie verwinnaar is gebleven:
De boog der schutters van het Oost?
Of 't puntig staal van Griekens kroost? —
Maar 's konings moeder richt haar schreden
Tot ons, met glans omstraald gelijk het oog der Goôn.

DE PERZEN,

Gij, bidt haar aan naar onze zeden,
En zij uw hulde haar al knielend aangeboôn.

TWEEDE TOONEEL.

ATOSSA, DE REI.

DE REI.

Verheven Koningin der trouwe Perzianen!
Ontfang den welkomstgroet van minnende onderdanen,
Gij, eedle koningsweeuw en moeder van een God
Van welvaart voor deez' Staat, zoo 't albeftierend lot
Niet keerde, maar ons steeds voor rampen blijft behoeden!

ATOSSA.

Helaas! dit enkel woord doet mij het harte bloeden.
'T is daarom, dat ik thans het vorstlijk huis verlaat,
En troost en balfem wacht, mijn vrienden, van uw raad.
Ik zal u de oorzaak van die jagende angst verklaren.
'K vrees voor ons staatsgebouw, te hoog in bloei gevaren,
Och! dat dit roemrijk werk, door hemelfche genâ
Gevestigd, niet op eens ter neêr ftorte en verga!
Een volk, hoe talrijk, zoo 't van rijkdom is verstoken,
Is kwijnend, maar zijn kracht wordt eerder nog verbroken,
Waar 't rijk, van fchatten vol, gebrek aan manfchap heeft.
Die ramp is 't, waar mijn hart (en zonder end) voor beeft.
Wee, wee ons! zoo dit land zijn jonglingfchap moest derven!

Ge-

DRAMATISCH DICHTSTUK.

Getrouwen! laat ik heul van uwe reên verwerven;
Op u heb 'k steeds gesteund: het is uw grijzend hoofd
Wiens wijsheid mij ook thans voldoenden raad belooft.

DE REI.

Doorluchtigste! zoo naauw aan 't vorstlijk huis verbonden,
Hebt ge ons in raad en daad steeds blakende gevonden;
En nimmer wordt die gloed in 't dankbaar hart gebluscht.

ATOSSA.

Mijn slaap wordt ieder nacht door droom op droom ontrust,
Sints mijn geliefde zoon, verwoed op Griekens steden,
Op keur van benden trotsch, hun bodem heeft betreden.
Maar nooit noch heeft me een droom met zulk een angst bekneld
Als 't nachtspook dat mijn geest deez' nacht werd voorgesteld.

    Een jeugdig vrouwenpaar verscheen me, en hield mijn oogen
Door dracht en houding van verwondring opgetogen.
De een hing het Perzisch kleed bevallig om de leên,
Maar de andre sierde een Grieksch, bei in aanloklijkheên
Onovertrefbaar. In de fijnbesneden trekken
Was aanstonds op het klaarst haar zusterschap te ontdekken.
Gescheiden door het lot, had deze op Griekschen grond,
Gene in dit werelddeel haar zetel. Nu ontstond
Er twist en grimmigheid, dat beider oogen blonken.
Mijn Xerxes nadert haar, en dooft die oorlogsvonken,
Maar voert ze met zich meê op 't eigen oogenblik,
En kromt haar onder 't juk, nog roerloos van den schrik,
Slaat haar zijn teugels om, en ketent ze aan zijn wagen.

De een biedt geen tegenstand, vereerd, den boei te dragen
Van d'onverwinbren vorst van 't Perzische gebied:
Maar de andre brandt van toorn (daar zij geen rang ontziet)
En rukt zich spartlend los, en waagt het, vrij van banden,
Den vorstenwagen, vol verwoedheid, aan te randen,
En trapt het haatlijk juk en scheurt de wielen af.
De vorst stort neêr. Ik zie Darius, uit zijn graf
Verrezen, met een zucht dit droef tooneel aanschouwen,
En mijn verneêrden zoon in steeds ontroostbrer rouwen
Versmelten. 'k Zag dit, en het nachtgezicht verdween.
'K stond op, en liep vol drift naar zuivre bronnen heen
Om met een reine hand de Goden te vereeren
Met offers, dat hun gunst dit onheil af mocht keeren.
Op eens vernam mijn oog een snellen adelaar
(Een havik vloog hem na) zich spoedend naar 't altaar.
Ik voelde op dit gezicht mijn gorgel toegeknepen.
Reeds heeft de haviksklaauw den vluchtende aangegrepen
En pijnigt hem den kop, die zelfs geen weêrstand biedt.
Ziedaar wat in mijn hart die siddring achterliet.
Wat roem had Xerxes van een zegepraal te wachten!
En thans — voorzie 'k den val van zoo veel legermachten.
Zoo 't noodlot hem verried.... O! blijv' hij slechts gespaard,
Geen neêrlaag maakt hem ooit de koningskroon onwaard.

DE REI.

Wij wagen 't niet, Mevrouw! dit wonder te verklaren:
Roep Godenbijstand aan, en wil geen offers sparen,

Opdat hun almacht die verschrikkelijke wolk
Verdrijve en zegen storte op u, uw kroost en volk;
En pleng een heilig vocht aan de onderaardsche streken:
Ligt schenkt uw echtgenoot, vol deernis met uw smeken
En nedrige offers, uit het diepst van 's afgronds nacht
Versterking aan dit rijk en zijn doorlucht geslacht.
Dees raad slechts kunnen we u, in uw bekomm'ring geven—
En mooglijk wordt zij dus in beter uur verdreven.

ATOSSA.

Mijn dierbren! in deez taal, voor 't lijdend hart zoo zoet,
Blinkt schittrend in mijn oog uw vroom, uw trouw gemoed.
Het lot vervulle uw wensch! 'T paleis weêr ingetreden
Draal ik geen oogwenk meer met reukwerk en gebeden
En aarde- en hemelgoôn te nadren. Melde uw mond
Mij dit noch: aan wat kant ligt toch de Atheensche grond?

DE REI.

In 't Westen.

ATOSSA.

En deez' stad poogt Xerxes te vernielen?

DE REI.

Heel Grieken zou met haar voor 's konings schepter knielen.

ATOSSA.

En waakt een groote macht tot hoede van haar muur?

DE REI.

Ons heir beproefde 't eens. En ach! het stond ons duur.

ATOSSA.

En heeft ze ook schatten, waar de steden meest door bloeijen?

DE REI.

Ja, mijnen heeft ze, die van zilver overvloeijen.

ATOSSA.

En zijn hun schutters vlug met pijl en schietgeweer?

DE REI.

Zij strijden met geen boog, maar met den vasten speer.

ATOSSA.

Wat vorst is aan hun hoofd?

DE REI.

Zij noemen dit, als slaven
In 't onverdraaglijk juk van koningen te draven!

ATOSSA.

Een ordelooze hoop durft de onzen dan weêrstaan?

DE REI.

Ach! eens deed zulk een hoop Darius heir vergaan.

ATOSSA.

O al te wreede zorg voor 't weeke moederharte!

DE REI.

Versmoor, Mevrouw! een wijl die pijnigende smarte.
Een bode nadert ons. Verkondig' hij ellend
Of heil, de onzekerheid, voor 't minste, spoedt ten end.

DRAMATISCH DICHTSTUK.

DERDE TOONEEL.

ATOSSA, DE REI, EEN BODE.

DE BODE.

O smart! o vaderland! o eenmaal blijde steden
Van 't schittrend Azië! Wat hebt ge een ramp geleden!
Hoe deed een enkle dag der Perzen heil vergaan
Met heel uw voor'gen glans! Helaas! wat gaat mij aan?
Ik breng, tot overmaat der jamm'ren die mij drukken,
U nog de bittre maar van al uw ongelukken.
Maar ach! het moet zoo zijn. 'K weêrsta den nood niet meer:
Verneemt, verneemt den val van 't gantsche Perzisch heir.

DE REI.

EERSTE KEER.

Helaas! wat donder trof mijn ooren?
   Wat schrikbre ramp brengt mij deez' dag?
Wie zal in tranen niet versmoren
   Na zulk een pletterenden slag?

DE BODE.

't Is alles redloos. 'k Heb ter naauwernood mijn leven
Van 't hoogst gevaar gered en mij tot u begeven.

DE REI.

EERSTE TEGENKEER.

O droevig einde van mijn dagen!
   Ik heb te lang, te lang geleefd;

Nu

Nu de ijslijkfte van 's noodlots flagen
  Mijn dierbaar land getroffen heeft.

DE BODE.

Helaas! het is te waar. Geen ander deelde mij
't Verhaal dier neêrlaag meê. Ik-zelf, ik was er bij.

DE REI.

TWEEDE KEER.

Helaas! de keur van onze helden
  Werd vruchtloos uitgerust ten ftrijd.
Zij vielen neêr óp Griekens velden,
  Aan 't machtig Godendom gewijd.

DE BODE.

Het ftrand van Salamis en de omgelegen vlekken
Zag 'k met d'onmeetbren hoop dier lijken gantsch bedekken.

DE REI.

TWEEDE TEGENKEER.

Daar dobbren dan die dappre fcharen
  Op de altijd ruftelooze zee,
Ten fpel der hobbelende baren
  Met de afgedwaalde wrakken meê!

DE BODE.

Geen moed, geen wapen, mocht hier baten; heel de vloot
Vondt in den heetften ftrijd een jammerlijke dood.

DE REI.

DERDE KEER.

O wee! wat kan ons leed verzachten,

O Perzen! bij uw ondergang?
Stort uit, stort uit uw bittre klachten
In 't allerroerendst treurgezang!

DE BODE.

O haatlijk Salamis! o hatelijk Athenen!
Hoe zullen we ooit uw naam herdenken zonder weenen?

DE REI.

DERDE TEGENKEER.

Hoe dikwerf, ach! hebt ge onze vrouwen,
Atheen, tot raadloosheid gebracht;
Terwijl ze om de echtgenooten rouwen
Die door uw handen zijn geslacht!

ATOSSA.

'k Bleef fprakeloos, van fchrik, bij zulk een maar, verplet,
Die me al mijn krachten ftremt, en 't fchreijen-zelf belet;
En bevend vrage ik u 't verhaal dier ongelukken.
Maar ach! de fterv'ling moet voor 's noodlots wetten bukken.
Herneem dan zelf den moed, en ik, ik hoor bedaard
Uw antwoord aan. Wie heeft de wreede dood gefpaard?
Wat hoofden zaagt ge hem 't verftrooide volk ontfcheuren?
Wat helden moet ons hart, met 's legers val, betreuren?

DE BODE.

Voor 't minst uw zoon, Mevrouw! is 't ftervenslot ontvlucht.

ATOSSA.

O onverwachte troost! Gij geeft mijn boezem lucht.
Een ftraal van vreugde dringt zich heen door zoo veel wolken

Voor

Voor heel ons treurend huis en zijn vernederde volken.
DE BODE.
Maar 't hoofd van duizenden, de stoute Artembares
Viel neêr op 't bloedig strand, en veldheer Dadaces
Werd, doodelijk gewond, in 't bruischend nat bedolven.
Hier stort op Ajax grond, omsingeld van de golven,
Het lijk van Tenago, dien fieren Bactriaan;
Ginds zag ik Arzames door 't zelfde lot vergaan;
Daar valt Pheresbus met Adeua, van de monden
Des afgelegen Nijls uw zoon ter hulp gezonden,
Van uit het hooge schip in zee; aan de andre zij
Metallus, 't strijdbaar hoofd der zwarte ruiterij.
Dees, prachtig uitgedoscht in 't schitterende wapen,
Ziet overal den dood hem dreigend tegengapen,
En verwt in eigen bloed de schoone, blonde baard.
'k Zag wijzen Arathus neêrtuimelen ter aard;
Hem volgden Artamys en dappere Arimardes,
(Ontzettelijke ramp voor 't glorierijke Sardes!)
Amistris, Sifames, Amphistreus, zoo geächt
Om 't slingren van zijn schicht met meer dan mannenkracht.
De schoone Tharybis, die vijfmaal vijftig schepen
Ten strijdt voert, wordt met hun door 't moordstaal aangegrepen.
Syennezis vindt meê den eedlen heldendood;
Hij, die den krijg'ren van Cilicië gebood,
Hij, steeds gewoon in 't bloed van vijanden te baden,
En, om zijn deugd geroemd als om zijn oorlogsdaden.

Zie

Zie daar, die 's noodlots toorn ons heir betreuren deed,
En ach! hoe weinig nog bij alles wat het leed!

ATOSSA.

Wat treurenswaard verlies van onze grootfte helden,
Wat onuitwischbren fmaad kwaamt ge ons, bedroefden, melden!
Heeft dan zoo groot een macht gebukt voor Griekens vloot?
Gij! fpreek: wat stelde ons toch aan zulk een onheil bloot?
Hoe groot dan was 't getal der Griekfche fchepelingen?
Hoe dorst het tegen ons naar de overwinning dingen?

DE BODE.

Helaas! o koningin! 'k beken 't, tot onze fchand,
De vijand had, naar 't fcheen, flechts luttel tegenftand
Te bieden, en zijn vloot fcheen ligtlijk te vernielen.
Zij ftreden met niet meer dan vijfmaal zestig kielen,
Tien uitgelezen, en de Perzen met een macht
Van duizend, uitgerust met ongelijkbre pracht.
En echter vielen wij, door 't Griekfche ftaal verwonnen.
Gewis, ter kwader uur werdt deze krijg begonnen!
De wreedheid van een God, ons eenmaal bloeijend land
Vijandig, boog de fchaal van 't noodlot naar hun kant.

ATOSSA.

Een God befchermt de ftad, Minerva toegeheiligd.

DE BODE.

Onneembaar is ze, ja, en voor geweld beveiligd,
Zoo lang der burgren arm haar vestingmuur bewaart.

B

ATOSSA.

Maar was de Griekfche vloot het eerst ten ftrijd gefchaard?
Of heeft mijn dierbre zoon den vijand aangevallen,
Vertrouwend op de hulp van zoo veel duizendtallen?

DE BODE.

Voorzeker heeft een God of woedend helgedrocht,
Voor d' aanvang van 't gevecht, die nederlaag gewrocht.
Ons had een vluchteling van uit het heir der Grieken
Bericht, dat als de nacht zijn zwartgeverwde wieken
Zou uitflaan, hunne vloot, voor onze macht beducht,
Geen zeeftrijd wagen, maar een onverwachte vlucht
Te baat zou nemen en 't gevreesd gevaar ontloopen,
Als ftond geen andre weg voor hun behoudnis open.
Naauw had de looze Griek geëindigd, of uw zoon
(Onkundig van zijn list en van den haat der Goôn,)
Geeft overal bevel dat, als de zonneftralen
Ten westen, en de nacht op 't aardrijk neêr zou dalen,
De gantfche vloot zich fchaar' op een driedubble rij,
Op dat de vlucht ter zee den Griek onmooglijk zij,
En 't ftrand van Salamis aan alle kant befloten;
En zoo de vijand nog, zich reddende in zijn boten,
't Gevaar ontkomen mocht en onze waakzaamheid,
Dan was den fchepeling een wisfe ftraf bereid.
Wij zouden, vruchteloos gekniel voor 's konings voeten,
Onze onvoorzichtigheid met onze hoofden boeten.
Zoo waant hij, vol van hoop; helaas, hoe min verdacht

Op

DRAMATISCH DICHTSTUK.

Op de ongena van 't lot en 't onheil dat hem wacht!
Op 's konings hoogen wil ftelt elk der fchepelingen
Zich onverwijld in ftaat den vijand te befpringen,
Gefterkt met fpijs en wijn; en bindt de riemen aan,
Om op den eersten wenk ten vaart gereed te ftaan.
Maar toen de glans der zon den hemel had verlaten,
Vliegt alles zaam naar 't ftrand, en roeijers en foldaten,
En klimt de fchepen op, en fpoort vol vuur en moed
Zijn tochtgenooten aan tot d'allermeesten fpoed.
Wij glijden op en neêr op 't wentlen van de baren,
Gehoorzaam aan 't bevel der hoofden, en bewaren
Den uitgang ons vertrouwd, en hadden heel den nacht
Met brandend ongeduld den vijand afgewacht.
Nu was de duisternis reeds van den trans geweken;
Nog merken we aan het ftrand geen kiel of vluchtenfteeken.
Maar naauwlijks breekt de zon de bleeke kimmen door,
Of ijlings treft een kreet ons gretig luiftrend oor,
Een kreet met zang vermengd, dien de Echo van de rotfen
Verdubbeld wijd en zijd tot ons te rug doet botfen.
Een plotfelijke fchrik gaat onzen dappren aan,
Vervallen op die klank van hun langduurgen waan:
Want ach! het is geen klacht van weeke vluchtelingen,
Maar heldenoorlogszang, wat thans de Grieken zingen,
Ontftoken op 't gefchal der hooge krijgstrompet:
Reeds bruischt de holle zee door hunne vloot bezet,
Reeds fchuimt zij op den flag van 't zamenruifchend roeijen,

B 2

DE PERZEN,

En eindlijk zien wij hen tot onze kielen spoeijen.
De rechtervleugel gaat de gantsche macht vooruit,
Op 't schoonst ten strijd geschaard; terwijl een woest geluid
Van kreten zonder end zich opheft tot de wolken
En dus onze ooren treft: ,, O Griekens eedle volken!
,, Strijdt, strijdt uw vaderland van vreemde heerschzucht vrij,
,, Uw vrouwen en uw kroost van 's vijands woestaardij,
,, Met de outers van de Goôn, met uwer vaadren graven:
,, Deas dag beslist uw lot, en maakt u vrij of slaven!''
Ons heir heft van zijn kant een schrikbren wapenkreet
Elk in zijn tongval aan, tot strijden bei gereed.
Nu raakt men handgemeen: de menigte der schepen
Heeft reeds van wederzij elkander aangegrepen.
Een Grieksche hulk, die 't eerst aan 't hoofd van 's vijands vloot
't Gevecht begon, vernielt een Perziaansche boot:
Wij hadden moedig reeds den aanval afgeslagen,
Tot we allen eensklaps ons op 't naauwst besloten zagen
In de engten, dat geen schip tot 's anders redding spoen,
Noch iets de Perzen voor een neêrlaag kon behoên.
Wij hooren het gebots der zaamgehorte kielen,
En zien onze eigen vloot zich in dien schok vernielen.
De wreede winnaar valt met dubbel woeden aan,
En doet de schepen in 't verzwelgend nat vergaan.
De golven zijn verkeerd in purperroode stroomen,
Met wrakken overdekt; de menigte, omgekomen
In 't strijden, ligt op rots en bank en strand verspreid.

Wij

DRAMATISCH DICHTSTUK.

Wij hadden vol van fchrik ons tot de vlucht bereid,
Maar nog moest 's vijands wraak de matte vloot vervolgen.
Hij laat geen oogwenk rust, maar flaat, op 't felst verbolgen,
Ons droevig overfchot, gelijk een visfchenzwerm,
Met brokken mast en riem te pletter. Een gekerm
Van fmart en wanhoop doet zich onophoudlijk hooren,
Tot daar de fchaduw der nacht dien gruwbren moord kwam ftoren.
Neen! 'k melde u niet al 't kwaad dat Xerxes leger leed,
Al breidde ik dit verhaal tien dagen uit. Want weet
Dat nooit de zonnekar de kimmen heeft beklommen,
Ter neêr ziende op de dood van zoo veel heldendrommen.

ATOSSA.

Wat onbeperkte ftroom van rampen zonder tal
Brengt met ons vaderland heel Azië ten val!

DE BODE.

En 'k deed u nog niet eens de helft der plagen hooren,
Wier ijslijkheid ons trof. Nog was ons één befchoren,
Die op 't verdrukte hoofd met dubble zwaarte woog.

ATOSSA.

Wat nog verfchrikbrer lot viel op ons van om hoog?
Ach! meld mij, welk een flag na zoo veel bittre flagen
Ons tot nog dieper fmaad en wanhoop kon verlagen?

DE BODE.

Helaas! die fiere rei van onze fchoonfte jeugd,
Die fchitterend in rang, en groot in oorlogsdeugd,
Met onverbreekbre trouw des konings macht verzelde,

B 3 Werd

Werd uitgedelgd door 't zwaard, dat heel ons leger velde.
ATOSSA.
Mijn vrienden! ik bezwijk, verwonnen van de smart.
'k Wil echter, 'k wil, bedrukte, in weêrwil van mijn hart,
Al 't onheil weten dat dien braven is weêrvaren.
DE BODE.
Niet ver van Salamis, aan d'andren kant der baren,
Ligt midden in hun schoot een naauwgenaakbaar land,
Waar Pan zijn herderen ten feestdans voert op 't strand:
Daar wordt die eedle jeugd vóór 't strijden heen gezonden,
Op dat zij, zoo de Griek, door ons geweld ontbonden,
Daar hulp en veiligheid of nieuwe krachten zocht,
Zijn laatste poging in zijn bloed versmoren mocht,
En de onzen redden uit den drang der zeegevaren.
Maar anders moest de wil der Goden zich verklaren!
De zege had zich nu aan 's vijands zij gehecht,
En hij, nog afgemat van 't bloedige gevecht,
Springt straks zijn kielen uit en schaart in naauwe kringen
Zich om het eiland rond; dat onzen jongelingen
Geen uitkomst overblijft, noch wegen om te vliên.
Zij zoeken in dien nood nog wederstand te biên
Met vlugge pijl op pijl en pletterende steenen;
Maar alles is vergeefsch: hun doodsuur is verschenen.
De vijand valt op eens vereenigd op hen aan
(Onmachtig dit geweld nog langer te weêrstaan,)
En staakt zijn woede niet, van trots en wrevel dronken,

Voor

Voor ze allen aan zijn voet zieltogend zijn gezonken.
Uw zoon barst middlerwijl in bittre tranen los:
Van op een heuveltop nabij het golfgeklots
Had hij op 't moordtooneel zijn benden gâ geflagen.
Nu ziet hij ijzend neêr op d'afgrond onzer plagen
En fcheurt, van wanhoop dol, het vorstelijk gewaad
Aan ftukken, geeft bevel tot d'aftocht, en verlaat
Het flagveld, om met ons op 't fpoedigfte te vluchten.
Die mare had gij nog bij al uw ramp te duchten!

ATOSSA.

O Goôn! wat valfche hoop hebt gij ons aangeboôn!
Is dit, is dit de wraak voor d'onvergeetbren hoon
Dien 't wijdberoemd Atheen ons eenmaal deed weêrvaren?
Of heeft geen bloed genoeg van Perziaanfche fcharen
Op 't ons noodlottig veld van Maratho gevloeid?
En moest dan, als mijn zoon dien fchandvlek zoo verfoeid
Poogt uit te wisfchen, een nog fchrikbrer onheil volgen?
Ach! meld mij waar het lot op de onzen zoo verbolgen
Der fchepen overfchot voor 't minst belanden deed?

DE BODE.

De hoofden ftelden zich ter wilde vlucht gereed,
En vliên, op willekeur van golf en wind gedreven.
Van 't ons nog ovrig heir verloor een deel het leven
Nabij Beotië, van dorst en hitte droog,
Daar reeds een frisfche bron zich opdeed aan hun oog.
Wij, moede en uitgeput, van rust en fpijs verfteken,

B 4   Wij

DE PERZEN,

Wij loopen Phocis af en Doris hooger streken,
En waar Sperchéus 't veld met vruchtbre stroomen drenkt,
Tot daar Thesfalië ons een korten schuilplaats schenkt.
Hier zagen wij op nieuw ontelbren onzer vrinden
In honger en gebrek het akligst sterflot vinden.
Wij, door Magnezië en het Macedonisch rijk
Bij Axius rivier en Bolbes rietig flijk
Tot aan Pangéus berg in 't eind gevorderd, spoedden
Naar 't naadrend Thracië, wanneer 't ontijdig woeden
Des winters ons den stroom des zilvren Strymons sloot.
Nu smeekten we of ons aard of hemel bijstand bood,
En zelfs wie voor dien tijd het Goddelijk vermogen
Miskend had, hief met ons zijn noodgebed ten hoogen.
Dus bidden wij de Goôn om hulpverleening aan,
En wagen het de rug der waatren op te gaan.
Wij stappen veilig op de toegevroren baren,
Zoo lang wij nog geen glans aan de Oosterkim ontwaren:
Maar toen de Zonnekar in brandend licht verscheen,
Drong zich zijn hette door 't kristal der stroomen heen
En smolt ze. 't Ovrig heir dat d'overkant der golven
Nog niet bereikt had, werd geheel in 't nat bedolven:
En zalig die het eerst den veegen aâm verloor!
Wij — kwamen Thracië en haar hindernisfen door,
En zien u eindlijk weêr, o vaderlandsche streken!
Maar ach! hoe moet die komst het Perzisch harte breken,
Wien onze kleine hoop herinnert aan 't gemis

Der

Der dierbre manfchap die ons afgeftorven is!
Zie daar een deel, Mevrouw, dier onoptelbre plagen,
Waarmeê der Goden toorn dees landen heeft geflagen.

DE REI.

Ontzachelijke Goôn! hoe heeft uw overmacht
In onbeperkte woede ons rijk ten val gebracht!

ATOSSA.

Zoo is dan onze jeugd, o Perzie! omgekomen.
Neen! gij bedroogt mij niet, gij fpoken, me in mijn droomen
Verfchenen, die mij 't lot mijn ramp ten voorbô zond!
Gij, grijzen, die dien wenk miskendet, toen uw mond
Mijn angst wou ftillen, 'k zal uw raad niet minder volgen:
'k Zal plengen aan de Goôn, op ons geflacht verbolgen,
En offeren aan de aard en 't bleeke fchimmenrijk.
Ik weet, 't geleden kwaad is onherroepelijk,
Maar 't noodlot kan ons nog voor nieuwe jammren dekken.
O! laat uw trouwe zorg mij thans tot hulp verftrekken!
Beraadt u onvermoeid en naar der zaken eisch;
En als mijn droeve zoon het vorstelijk paleis
Genaakt, leidt gij hem in en troost hem, o mijn vrinden!
En laat zijn lijden hier voor 't minst een eindperk vinden!

VIERDE TOONEEL.

DE REI.

O machtige Oppervorst der Goôn,

Wiens albeschikkende geboón
De ontelbre macht van onze helden
Op vreemden grond ter neder velden,
Zie door uw gramschap Ekbataan
En Suzes vest in smart vergaan!
Zie op de tranen onzer vrouwen;
Zie ze om ons onheil troostloos rouwen,
En rukken met de zachte hand
Zich hoofdhaar af en zilvren band!
Zie heel een schaar van trouwgenooten,
Die pas den echtknoop heeft gesloten
En reeds den echtgenoot betreurt,
Haar in 't noodlottigst uur ontscheurd!
O kwelling naauwlijks te verdragen!
Zij zal de schoonste van haar dagen
Van 't zuiver heilgenot beroofd,
Haar in dien blijden staat beloofd,
In 't aklig weduwbed verteeren!
Wat kan de wanhoop van haar keeren?
Ik zelf, helaas! ik voel elk oogenblik
Mijn rouw verdubblen, nog verpletterd van den schrik.

EERSTE KEER.

Hoe treuren de omgelegen velden,
   Van heel haar mannenteelt ontbloot!
Ach Xerxes! Xerxes! moest ge uw helden
   Ten offer voeren aan den dood?

Och!

Och! of een God u had weerhouën
Van 't roekloos macht- en zelfbetrouwen
   Bij d'aanvang dier onzaalge tocht,
En 't spoor doen volgen van uw' vader,
Die, held en vreedzaam vorst te gader,
   Zijn' volken niet dan weldaân wrocht!

EERSTE TEGENKEER.

Gij! zwarte, vluggewiekte kielen,
   Met onzer mannen keur belaân!
Gij zaagt die dappren dan vernielen,
   En alles in hun val vergaan!
De koning zelf, in vreemde landen
Ter naauwernood uit 's vijands handen
   Behouden door een snelle vlucht,
Keert, eindlijk dit gevaar ontkomen,
Door Thraciës bevroren stroomen
   Te rug in vaderlandsche lucht.

TWEEDE KEER.

Helaas! hoe menig onzer braven,
   Op Cychreus heilig strand gedood,
Ligt daar misvormd en onbegraven,
   Verlaten in dien bangen nood!
Ja! laat ons treuren! laat ons klagen!
Dat niets voor 't minst na zoo veel plagen
   De klanken onzer droefheid stuit';
En, 't hart in rouw van een gereten,

DE PERZEN,

Galme Echo onze wanhoopkreten
  Door lucht en wolk ten hemel uit!

TWEEDE TEGENKEER.

Hun lijken dwarlen met de golven
  Van holle draai- tot draaikolk mee,
Of zijn in d'afgrond reeds bedolven,
  Of 't aas der monsters van de zee.
O vaders, wien uw zoetste panden
Door 't staal in 's overwinnaars handen
  Van 't bloedend harte zijn gerukt!
Hoe stelt ge een eindpaal aan uw klachten?
Wat zal het foltrend leed verzachten,
  Wiens last uw grijze haren drukt?

Nu zal der Perzen vorst geen wetten
Aan heel dit werelddeel meer zetten,
Noch van de hoogte van zijn troon
De schatting, knielend aangeboôn,
Ontfangen; want, o smaad! zijn luister
Verzonk voor eeuwig in het duister
Met d'ouden rijkdom, bloei, en macht.
Ja! bij 't vervallen onzer kracht,
Zal elk dier volken 't juk verbreken,
Als vrijgeboren handlen, spreken,
Niet meer bedwongen door geweld.
Helaas! waar 't leger is geveld,

Daar

Daar werd, met hun ontzielde leden,
Geheel het Perzisch rijk in 't bloedig ſtof vertreden.

VIJFDE TOONEEL.

ATOSSA, DE REI.

ATOSSA.

Wien 't wanklend hulkjen op de golf van 't leven voert,
Zoo lang geen ſtormgeweld den afgrond nog beroert,
Verheft zich op de rust der winden, vol vertrouwen,
Dat 't noodlot hem ter gunst hen zal geketend houên: —
Maar de opgeruide zee heeft op zijn kiel gewoed;
Vervlogen is de waan in 't kommervol gemoed;
Het kleinſte golfjen baart hem doodsangst. Dus, mijn vrinden!
Voel ik mij 't krimpend hart van zorg en rouw verſlinden.
In ieder voorwerp, waar 't beneveld oog zich wend',
Dreigt mij de haat der Goôn. 'k Hoor zuchten zonder end,
En klachten, die een kou verſpreiden door mijn aâdren.
Ziet thans uw koningin verſlagen tot u naadren,
Van koninglijken praal en kleederdracht ontbloot.
'k Breng treurige offers aan den Vorst, mijn echtgenoot:
Sneeuwwitte melk, de vrucht van vetgeweide koeijen,
Zal op 't gewijd altaar zijn ſchim ter eere vloeijen,
Met honig die de bij uit keur van bloemen wrocht,
En onvermengden wijn, en 't kristallijne vocht

Van

Van bronnen, in wier ftroom nooit ftervelingen baadden.
Het fteeds herboren groen der malfche olijvenbladen
En 't kroost der weeldrige aard, tot kranfen zaamgevlecht,
Hang ik het outer om. Gij, middlerwijl, ontzegt
Me uw zangen niet, en moog', geroerd door uwe beden,
Darius éénmaal nog dees dierbren grond betreden!

DE REI.

Vervul, Vorstin! vervul den offerplicht,
Die 't aardrijk gunstig moge ontfangen!
Wij ftorten lof- en offerzangen,
Aan de onderaardfche Goôn gericht,
En fmeeken de uitkomst op 't u dringende verlangen.
Gij, fombre Godheên onder de aard!
Gij die de doôn in Plutoos rijk vergaârt!
Gij zelf, o Opperheer der dooden!
Zij door dees' kreet Darius geest ontboden
In 't langgemiste levenslicht,
En 't hoog befluit der ftrenge Goden
Ons door zijn bleeken mond bericht!

EERSTE KEER.

O Vorst, gezegend van de Goôn!
Daalt niet dees noodbeê tot uw ooren,
Als we in de angstvalligheên, die ons de ziel doorboren,
Met luiden, hartverfmeltbren toon
De rust van aard en hemel ftoren?
Treft, treft ons prangend zielsverdriet

In 't diepst zelfs van de hel uw teedren boezem niet?
EERSTE TEGENKEER.
Ontsluit, o hel, de onschendbre poort,
Van diamanten zaamgeklonken:
Zij hij ons schreijend oog een oogwenk weêrgeschonken,
De Vorst, de God, met wiens geboort'
Dit eens zoo bloeijend rijk mocht pronken!
Hergeef, hergeef hem aan den dag,
O aard, wier bodem nooit zijn wedergade zag!
TWEEDE KEER.
Ja, heilig zijt ge ons, en het oord
Waaraan we, o Vorst! uw asch betrouwden!
Worde onze klaagstem aangehoord!
Herzie, op Plutoos krachtig woord,
't Paleis, waarin we uw' glans zoo menigmaal aanschouwden!
TWEEDE TEGENKEER.
Geen dolle zucht naar macht en roem
Kwelde, onder u, de Perzianen,
Noch riep des noodlots ijzren doem
Op uwer jongelingen bloem,
O vader, aangebeên van dankbare onderdanen!
DERDE KEER.
Ontzachbre, groote, dierbre Koning!
Sla onze hartebeê niet af!
Rijs uit de holle doodenwoning
Op d'oever van uw heilig graf!

DE PERZEN,

Verschijn voor onze eerbiedige oogen,
   Gij, nog door gantsch uw volk geloofd!
Van 't purpren Koningskleed omtogen,
   De rijke sluijerkroon op 't hoofd!

DERDE TEGENKEER.

Wij zullen vreemde jamm'ren melden,
   Verschriklijk voor het Perzisch oor;
De dood der duizend duizend helden,
   Die 't rouwend vaderland verloor.
De Styxkolk met verpeste dampen
   Besmette de onbewolkte lucht:
Verschijn, verschijn, verneem de rampen
   Waar onze bange borst om zucht!

SLOTZANG.

Wij zitten troostloos aan de randen
   Van uw door tranen vochtig graf.
Want ach! de scepter in uw handen
   Weerde allen rampspoed van ons af.
De dood, die u heeft aangegrepen,
   Sleepte onze welvaart met u meê:
En — met de menigte onzer schepen
   Zonk onze welvaart in de zee!

ZES

DRAMATISCH DICHTSTUK.

ZESDE TOONEEL.

DE SCHIM VAN DARIUS, DE REI, ATOSSA.

DE SCHIM.

Getrouwe grijzaartsrij en steunsels van dit rijk,
Mij, in der jaren bloei, in ouderdom gelijk!
Wat onverwachte ramp heeft u dus overvallen?
Van waar dit naar gekerm in Suzes dierbre wallen?
Wat jamm'ren trof mijn oor in 't stil verblijf der dood?
Ik nam het offer aan, dat mij mijn gade bood,
En rees, gedrongen door uw sombere gezangen.
De hel ontsluit zich licht om hoopen doôn te ontfangen,
Maar laat geen uitgang vrij aan d'eens verzwolgen buit:
Mij echter liet haar vorst, mijn rang vereerend, uit,
En 'k vloog om in den rouw die u verteert, te deelen.
Gij, spreekt, en wilt mij niets van wat u trof verheelen.

DE REI.

Op dees ontzachelijke stond
Staar 'k roer- en spraakloos op den grond;
De stem besterft mij in den mond.

DE SCHIM.

In het koel verblijf der schimmen werd mijn rust door u gestoord.
'k Hoorde uw bede, en ijlings spoedde ik naar dit onvergeetbaar oord.
En nu draalt ge en blijft beweegloos: ach, verdrijft dien ijdlen schrik:
'k Toef niet lang, de tijd is kostbaar; maakt gebruik van 't oogenblik.

DE REI.

'k Tracht vruchteloos mijn vrees te fmoren,
Ik zal uw jammeren doen hooren,
Die heel dit volk het hart doorboren.

DE SCHIM.

Heerscht die vrees zoo onverwinbaar in dees eerbiedwaarde rij,
Dierbre vrouw, eens deelgenoote van mijn fponde, meld dan gij
Wat dit zuchten, wat dit fnikken, in ons Suze deed ontftaan?
Wees bedaard; gij weet, geen ftervling kan des noodlots wil ontgaan:
Tegen hem fpant de aarde zamen met den hemel, met de zee,
Om zijn leven te verbittren door onafgebroken wee.

ATOSSA.

O gelukkigfte der vorsten toen gij 't levenslicht genoot!
Hoogstgelukkig in de welvaart van het rijk dat gij geboodt,
Dat uw troon vereerde en aanbad als den zetel van een God!
Ik benij uw zalig fterven. Ja, het eigen zeegnend lot
Sloot uw oogen voor de rampen die ons thans ter nederflaan.
Slechts één woord omvat al 't onheil: 'T IS MET PERZIË GEDAAN.

DE SCHIM.

Wat geluid verrascht mijn ooren? Viel dit bloeijende gewest
Door het oproer onzer volken of door d'adem van de pest?

ATOSSA.

Neen! ons leger werd verpletterd voor de muren van Atheen.

DE SCHIM.

Onder wien van onze telgen trok het Perzisch heir daar heen?

DRAMATISCH DICHTSTUK.

ATOSSA.
Onder Xerxes, heet op krijgsroem. 'tGantfche volk vloog met hem
DE SCHIM. (meê.
Toog 't te land naar 's vijands fteden, of op de ongetrouwe zee?
ATOSSA.
't Had zich tot een heir vergaderd, en een fterke vloot bemand.
DE SCHIM.
En hoe toog het voetvolk over naar het vijandlijke land?
ATOSSA.
Hellaas engte werd gefloten door een breede fchepenrij.
DE SCHIM.
En de zee, voor Xerxes zwichtend, liet hem dan den doortocht vrij?
ATOSSA.
Ja: een Godheid was het, zeker, die hem bijftond met zijn raad.
DE SCHIM.
Ja, een helfche Godheid bracht hem tot die reukelooze daad.
ATOSSA.
De uitkomst leerde 't, welk een onheil deze poging baren zou.
DE SCHIM.
Wat was de oorzaak van die rampen, die u dompelen in rouw?
ATOSSA.
Onze vloot, uit een geflagen, fleepte 't landvolk in zijn val.
DE SCHIM.
Zoo verging dan 't Perzisch krijgsvolk in dien ftrijd geheel en al?
ATOSSA.
Tuig' dit Suzes doffe rouwkreet en haar leêggeftorven vest!

DE SCHIM.

Onze roem is dan verloren met den steun van dit gewest?

ATOSSA.

Bactrië verloor de hoop zelfs van het volgende geslacht.

DE SCHIM.

O mijn Xerxes! welke krijg'ren heeft uw waan ter dood gebracht!

ATOSSA.

Hij ontkwam (zoo zegt men) 't onheil, van een zwakken stoet ver-

DE SCHIM. (zeld.

En wat middel voert hem weder in dit land waarna hij snelt?

ATOSSA.

Hij bereikte reeds 't gevaarte dat Europ aan ons verbindt;
't Lijdt geen twijfel dat hij thans reeds zich in veiligheid bevindt.

DE SCHIM.

Heil'ge orakels van de Goden! in mijn zoon werdt gij volbracht.
Op zijn schedel borst hun gramschap. Aan een later nageslacht
Hoopte 't zorglijk vaderharte dat die straf beschoren was;
Maar wie 't wraakvuur tergt des Hemels, slaat de bliksem dra tot asch.
Wat onperkbre vloed van plagen heeft uw onbezonnen hand
O mijn Xerxes! doen ontspringen voor dit aangebeden land!
Ach! de moed van 't jeugdig harte had u 't heldere verstand
Met een duistre wolk omneveld, toen ge een gruwelijken band
Om de Hellespontsche golven, als hun meester, durfde slaan.
Toen ge een' God waagde aan te randen in zijn nooitverstoorbre
En de vlakte van zijn waatren dekte met een kielenrij   (baan,
Waar uw leger over heen toog naar den grond van de overzij,

A1

Al den Goden in Neptunus tot een nooit verzoenbre fmaad.
Lichtmisleide! neen gij zaagt niet, dat de rijkdom van uw ftaat
Binnen kort ten prooi kon liggen aan uitheemfche plonderzucht.

ATOSSA.

Haatlijk ras van laffe vleijers! al die rampen zijn de vrucht
Van de heerschzucht die uw omgang in mijn Xerxes wortlen deed,
Toen uw mond in 's vaders loffpraak hem zijn werkloosheid verweet,
Hem de vrede leerde haten, en, de hand aan 't oorlogszwaard,
Dag aan dag den fchat vermeerdren dien mijn egâ had vergaârd.
Gij zijt de oorzaak van zijn dwaasheid, gij zijt de oorzaak van dien
    tocht,
Die den val van onze grootheid in des legers neêrlaag wrocht!

DE SCHIM.

Zoo is dit grootsch ontwerp met fchand ten eind gebracht!
Een fchrikbaar voorbeeld tot voor 't verste nageflacht,
Eens noodlots, als nog nooit op Suzes burgren woedde.
Sints de Opperfte der Goôn der volken macht en hoede
Den deugden van één' Vorst vertrouwde. 't Was een Meed
Die 't eerst dees ftreken voor zijn fcepter knielen deed:
Zijn kroost, zijn edel kroost, dien vader waard in wijsheid,
Verving in 't rijksgebied zijn afgeleefde grijsheid,
En fterkte dag aan dag den vaderlijken troon.
Hem volgde Cyrus op, de liev'ling van de Goôn,
Wien 's helden deugd behaagde en hartelijke beden.
Dees deed door krijgsbeleid de rondgelegen fteden
De macht erkennen van zijn onafweerbaar ftaal,

Maar

Maar schonk zijn volk de vrucht van zege- op zegepraal,
Een duurzaam vredeheil. Naauw meester van dees staten,
Verloor zijn zoon het licht. 't Rijk werd ten prooi gelaten
Aan de eerzucht van een Maag, wiens schaamtelooze voet
Den troon betreden dorst van dit doorluchtig bloed,
Tot Artaphernes en zijn moedige eedgenooten
(Door loosheid of geweld) des dwinglands val besloten.
Zoo schonk mij 't gunstigst lot de koninklijke kroon
En zegen aan mijn volk. Ik-zelf, 'k was meê gewoon
Aan 't hoofd te strijden van mijn dappre legerbenden,
Maar nooit, door zucht naar roem de rust van 't land te schenden.
Mijn zoon vergat den les dien ik hem stervend gaf,
En stichtte uw onheil. Neen, nooit dreigde zulk een straf
(Gij weet het, dierbren, wien een vroeger eeuw zag bloeijen)
Wat vorst den troon bezat, de Perzen uit te roeijen.

DE REI.

Ach! meld veeleer wat raad 't geledene vergoedt,
Of 't kwaad kan stuiten dat zoo ijslijk op ons woedt.
Wat baat het, of uw taal ons, felbezorgden grijzen,
De deugd der vaadren op dit uur poogt aan te wijzen?

DE SCHIM.

Geen Pers stoor immer met een Godverwaten arm
De rust van Griekenland door 't staal, al hadt ge een zwerm
Van strijdren, grooter nog dan 't leger waar we om klagen.
Hun grond zelf is in staat den vijand te verjagen.

DRAMATISCH DICHTSTUK.

DE REI.
Hoe! de onbezielde grond biedt onzen krijgren weer?
DE SCHIM.
Die 't zwaard ontvluchten mocht, valt van gebrek ter neêr.
DE REI.
Nog is ons, voor het minst, één leger bijgebleven.
DE SCHIM.
Helaas! dit derft weldra op d'eigen grond het leven.
DE REI.
Heeft ons die zaalge hoop bedrogen, dat het meê
Te rug toog over 't nat van Hellaas enge zee?
DE SCHIM.
Slechts weinig zal de roê van 't straffend noodlot sparen.
't Orakel spelde 't mij, wiens echtheid wij ontwaren
In 't onheil dat ons drukt. Verblind door wanhoop, liet
Mijn zoon dat leger na in 't vijandlijk gebied,
Daar, waar Azopus vloed zijn onberoerde wateren
In 't rijk Beötië door hem bevrucht, doet klateren.
Daar opent zich voor hun een onvermijdlijk graf;
Hun dolle plonderzucht tot een gerechte straf,
Wier hand zich niet ontzag de Godgewijde altaren
En 't beeld der Goden in hun woede niet te sparen.
Maar heel de tempelraad te rooven, en in 't end
De heilge tempels zelf, door hun alleen miskend,
Ten offer aan de vlam te geven. Ja, de Goden,
Door zulk een hoon getergd, verpletteren die snoden

Met neêr- op neêrlaag. Want nog hangt een zwangre wolk
Het overfchot op 't hoofd. Een ijsfelijke kolk
Van bloed breekt op den flag der Dorifche geweeren
Platéaas vlakten uit. Het nageflacht zal leeren,
Wanneer 't den moord verneemt van dien verfchrikbren dag,
Dat zich geen fterveling zoo ftout verheffen mag.
Der menfchen trotschheid maait een oogst van bloed en tranen
Voor alles wat zij zaaide. O! laat de Perzianen,
Atheen en 't gantsch tooneel van de ondergane fchand'
Gedachtig, nimmer weêr den bloei van 't vaderland
Voor 't lokkend uitzicht op veroveringen wagen.
Er leeft een Jupiter, die hovaardij verlagen
En 't kwaad, door haar gefticht, ten goede keeren kan.
En nu, daar Xerxes naakt, geliefde rij! verban
Den hoogmoed uit zijn hart, die menfchen tergt en Goden:
Zijn afgematte geest heeft wijzen raad van nooden.
Gij, teedre en dierbre Gâ! breng uw bedroefden zoon
Een kleeding naar zijn rang. Door d'onverduurbren hoon
Die al zijn hoop verwoest, in 't harte diep gebeten,
Heeft hij het vorstlijk kleed uit rouw van een gereten.
Nu hangt het achteloos aan flarden om zijn lijf.
Voor alles, dat uw ftem die woeste drift verdrijv'.
Door haar flechts kan de rust in Xerxes borst weêr dalen.
Vaart wel; ik keer te rug in Plutoos fombre zalen.
Gij, dat die felle ramp u niet in wanhoop ftort'!
Geniet van dag tot dag dien levenstijd zoo kort,

Waar-

Waarin ge op 's noodlots gunst u nimmer kunt verlaten:
In 't rijk der dooden zal geen rijkdom meer u baten!

ZEVENDE TOONEEL.

DE REI, ATOSSA.

DE REI.

Helaas! hoe wordt onze angst vermeerderd, daar zijn mond
Ons nieuwe jamm'ren in de toekomst heeft verkond!

ATOSSA.

Gerechte Goôn! ziet neêr op alles wat wij lijden!
Met hoe veel zorgen heeft mijn moederhart te ſtrijden,
Wanneer 't den hoon herdenkt eens zoons, ter naauwernood,
Van dekking, zelfs beroofd, ontkomen aan den dood!
Ik keer een oogwenk in d'ontſierde vorstenwoning,
En poog te rug te zijn voor de aankomst van den koning;
Mijn zorg verſchaft hem dra een ſchitterend gewaad.
Vloekwaardig, die zijn kroost in 't ongeluk verlaat!

ACHTSTE TOONEEL.

DE REI.

KEER.

Toen vorst Darius hier regeerde;
Die onverwinbre vorst, in wijsheid Goôn gelijk,

Wien de uitgestrektheid van dit rijk
In 't wettige gezag met dankbre aanbidding eerde;
 Toen bloeide ons dierbaar vaderland,
 Gelukkig in den zachtsten band.

TEGENKEER.

 Voor vijandlijke macht en lagen
Behoedde het een heir, door dapperheid vermaard;
 Voor innige onrust, 't heilig zwaard
Der wet; en mocht al eens de vorst een oorlog wagen,
 Nooit werd zijn eerzucht door het bloed
 Van zoo veel burgeren geboet.

In hoe veel wijdberoemde steden
Werd niet de scepter aangebeden
Van vorst Darius, schoon zijn voet
Niet buiten Halys breeden vloed
Noch van den troon zelfs was geweken.
Zoo werd hij meester van den grond
Gelegen aan des Strymons mond,
Naast Thraciës onvruchtbre streken.
Maar dieper in het vaste land
Lag stad op stad in d'eigen band,
Met die de Hellespontsche stroomen
En die Propontis zee omzoomen,
En Pontus onherbergzaam strand.
Ook de eilanden, om wie de golven klotsen

Door

Door Egeus val berucht, beſtierden zijn geboôn:
Als Lesbos, rijk in druiventrosſen,
Met Naxos, Chios, wien de Goôn
Den mildsten wijnoogst ſteeds verleenen,
En Paros, door haar marmerſteenen
Beroemd, en Andros, en Mycoon;
En de aan de zee nabijgelegen ſteden,
De hoofdvest van Ikaar,
En Temnus, Rhodus, Gnidus, waar
De Mingodin op 't ſterkst wordt aangebeden;
En Paphus, Solus, Cyprus glans;
En gij, o Salamis! die 't aanzijn hebt gekregen
Van 't plekjen, waar de Griekſche lans
Het heir der Perzen heeft doorregen.
Al wat de Griek in Azië bezat
Werd in Darius rijk omvat,
En 't bleef door zijn beleid den ouden bloei bewaren.
Zijn troon werd onderſteund door duizend heldenſcha-
En op den eersten wapenkreet (ren,
Was bond- bij bondgenoot gereed,
Voor hem ten krijg te ſpoeden.
En nu — nu zuchten we onder 't woeden
Van d'op ons rijk vergramden God.
Ach! in de roodgeverwde golven
Waar in ons leger werd bedolven
Toont zich de willekeur van 't omgewenteld lot.

NE-

NEGENDE TOONEEL.

XERXES, DE REI.

XERXES.

Wee mij! wee mij! 'k heb u verloren,
Geliefde hoop van beter tijd!
Gij die mij 't grievendst leed, o noodlot! had befchoren,
Ik zie te wel, dat ge onverbidlijk zijt.
Mijn afgematte knieën trillen,
En, wat mijn jagende angst moest ftillen,
't Herzien van dit paleis beknelt mijn hart nog meer.
O waartoe moest naast mijn verpletterd heir,
O Jupiter! uw blikfem mij flechts fparen?

DE REI.

Der Perzen bloem,
Der Perzen roem,
Is heengevaren.
Dees kermende aarde vraagt haar eer,
Zij vraagt haar fpruiten weêr,
Die gij, o vorst! met Pluto zaamverbonden.
Gaaft weg te maaijen aan den dood.
Ook Ekbataan ziet zich gefchonden
Door 't jammerlijk verlies der helden uit haar fchoot,
Vergeefs beroemd door leeuwen-moed en krachten.

XERXES.
Helaas! wat stof tot eindelooze klachten!
DE REI.
Vorst van dit eenmaal machtig rijk!
Zie 't thans verneêrd, vertrapt in 't slijk.
XERXES.
En 't heeft aan mij zijn val te danken!
Mij, wien dees grond het leven gaf,
Zich zelv' en mijn geslacht ter straf!
DE REI.
Wij bieden u slechts jammerklanken
En tranen aan voor welkomstgroet:
Heft onze stem zich tot de wolken,
Wij vieren de uitvaart uwer volken,
Waar ons 't geteisterd hart van bloedt.
XERXES.
Ja, heft een luiden kreet naar boven!
Hij dringe mij door 't rouwend hart!
Zoo 'k mij van alles zag berooven,
Uw zang vernieuwe in mij de smart!
DE REI.
Gij zult, gij zult een doffen rouwzang hooren.
Wij zijn gereed
Te melden wat gij hebt verloren,
En al ons leed:
En hoe de God van krijg en zegen

In vreemde lucht des vijands degen
Deed zamenspannen met de zee
Om ons te dompelen in wee.

XERXES.

Mijn vrienden! houdt niet op te klagen!
Gij moogt mij vrij naar al ons onheil vragen.

DE REI.

Waar bleef, waar bleef uw trouwste raad,
Alpist, de steun van dezen staat,
Die fiere krijgsman die in de aderen
't Bloed onverbasterd draagt van zijn doorluchte vaderen,
Die met zijn duizenden uw krijgstocht heeft verzeld?
Ligt hij daar meê op 't bloedig veld,
Den vijand tot een zegeteeken?
Waar bleven Psammis, Datames,
En Suzas en Pharandaces?
Waar al de grooten dezer streken?
Waar bleef Susiscanes, de roem van Ekbataan?

XERXES.

Die zijn vergaan! die zijn vergaan!
Ik zag hun menigte op de rotsen
Van Salamis zieltogend botsen,
En sterven op dat strand, geverwd van Perzisch bloed.

DE REI.

Is ook Artembares gebleven?
Pharnuchus, door ontembren moed,

Se-

DRAMATISCH DICHTSTUK.

Sebalces, door zijn rang verheven?
Mafistras, Memphis, Tharybis,
En de uit een vorstenftam gefproten
Liléus? Treft ook hun gemis
U bij de dood van zoo veel andre grooten?

XERXES.

Wat reeks van helden voert uw taal mij voor den geest?
Helaas! ook dezen zijn geweest.
Het oog gewend naar die gehate muren,
Waar al ons onheil uit ontfproot,
Zijn zij gedood.
Ik kan het denkbeeld niet verduren.
Het hart krimpt me in, mijn gantfche lichaam beeft,
Terwijl de ftem mij in den gorgel kleeft.

DE REI.

En Xanthes, de overfte der onverfchrokken Marden?
En die, van krijgen onverzaad,
Zich tegen moeilijkheên en lijfsgevaar verhardden,
De ruitrenhoofden, Cigdabaat,
Lithymnas, Arzaces? Zaagt ge ook die helden vallen?

XERXES.

Met mijn ontelbre duizendtallen
Zijn zij door 't eigen lot verrafcht.
Ach! al die uitgelezen braven
Zijn onder bergen doôn begraven,
Van 't eerbewijs beroofd, dat zulke helden paft.

DE REI.

Rampzalige offers van de toorn der hemelingen!
Uw neêrlaag stort ons alle neêr.
Van enkel ramp zien we ons omringen;
Daar is voor ons geen redding meer.
Met de allerijsselijkste plagen
Heeft ons des noodlots hand geslagen:
En, laat zijn woeden eindlijk af,
't Is onmacht om nog grooter straf
Bij wat wij lijden uit te denken.
Wanhopig vloeken wij den dag,
Die onzen roem, die al ons heil moest krenken,
En voor de Griekfche vloot den Pers verzinken zag.

XERXES.

O! welk een heir heb ik verloren!
Wat diepe val was mij befchoren
En heel dit uitgestrekt gebied!
Van al de pracht waar meê 'k mijn fcharen
Ten verren oorlog deed vergaâren
Is deze pijlbus 't al, wat mij de hemel liet.
Herinnert mij de harde rampen,
Waarmeê gij allen hebt te kampen,
En die gij wijten kunt aan uw misleiden vorst.
Kweekt, kweekt de wroeging in mijn borst!
Laat fombre rouw- en zoen-gezangen
Hier uit uw mond mijn wanhoopkreet vervangen!

DE REI.

EERSTE KEER.

Herinnering aan beter tijden!
   Hoe foltert gij d' ontstelden geest!
Te midden van het wreedste lijden
   Gevoel ik wat wij zijn geweest.
Ik kan het denkbeeld niet verjagen
   Dat onophoudlijk om mij zweeft:
De welvaart die mijn oogen zagen,
   En die 'k helaas! heb overleefd.

EERSTE TEGENKEER.

Tot aan het blaauw der hemelstreken
   Reikte onzer Perzen oppermacht:
Door Godenhulp en 't zorglijk kweken
   Van eedle Vorsten opgebracht.
Haar breede takken hingen over
   Op heel dit aangebeden land,
En onder schaduw van hun lover
   Was 't hoogst geluk in onzen band.

TWEEDE KEER.

Houd thans, o Pers! het hoofd gebogen,
   Uw eens zoo fier gedragen hoofd.
De gunst der Goden is vervlogen:
   Uw eer, uw bloem is u ontroofd.
Wat zoudt ge, o droeven, thans nog pralen?
   Met een u ongetrouwen vorst,

Die voor een ijdel roembehalen
Uw gantfche welzijn wagen dorst?

TWEEDE TEGENKEER.

Vraagt, kinders, moeders, echtgenooten!
Aan uw te diep verneerden heer
Uw dappre vaders en uw loten,
Uw jeugdige egâs nimmer weêr.
Zij rusten in de fchoot der zeeën
Of in 't met bloed gedrenkte zand,
En zijn bevrijd van al de weeën
Van hun rampzalig vaderland.

DERDE KEER.

Trekt, Grieken! onze muren binnen,
Gij, gunstelingen van het lot,
Die onze krijgren mocht verwinnen!
Verplet hun treurig overfchot!
Wat ftaat ons thans niet noch te wachten,
Na 't geen dees dag ons heeft verkond?
Wat hoop nog kan ons leed verzachten?
Wat, balfem ftorten in den wond?

DERDE TEGENKEER.

Gij, die in tempels en altaren
Gehoond door krijgsmansovermoed,
U wreekte in 't bloed van onze fcharen!
Is noch die fchennis niet geboet?
Of zijn wij zelven te misdadig,

En is voor ons geen deernis meer,
Voor 't minst, o Goden! ziet genadig
Op onze onnoozle telgen neêr.

XERXES.

Wat Godheid geeft mij ooit mijn dierbaar leger weêr?

DE REI.

SLOTZANG.

Staak, o vorst! het nutloos kweken
Van uw tomelooze drift:
Wil veeleer den Hemel fmeeken
Met gebeên en offergift!
Laat ons onheil dit u leeren,
U en 't laatfte nageflacht:
WIE EEN GODHEID DURFT TROTSEEREN
WORDT TEN WISSEN VAL GEBRACHT!

1816.

AANTEEKENINGEN.

AANTEEKENINGEN.

De dichter van het oorspronkelijke stuk, waar van wij deze navolging aan onze landgenooten aanbieden, is een der genen geweest, welke meest toebrachten tot vestiging van den roem der oude Grieken in het vak van tooneeldicht. De voorganger van Sophocles en Euripides in deze voortreflijke soort van poëzij, zou dit alleen genoeg zijn, om hem onsterflijk te maken, al had hij zelf geene meesterstukken voortgebracht, welke met die van zijne volgers verdienden gelijk gesteld te worden. Van een' eenvoudigen lierzang, ter eere van eene Godheid, bij plechtige gelegenheden door een Koor aangeheven, nu en dan doorweven met eenige verzen, door slechts één tweede personaadje voorgedragen, heeft hij een tooneel geschapen dat niet dan geringe beschaving van nooden had, om tot een trap van volmaaktheid te geraken, waar toe gedurende meer dan twintig eeuwen geen volk op aarde, in de laatste tijden slechts één enkel genaderd is. Dan die zelfde beschaving, welke een regelmatig treurspel deed geboren worden, heeft aan den anderen kant de oorspronkelijke kracht van den lierzang, welke er de hoofdrol in speelde, doen verflaauwen en langzamerhand den toon, waar bij onzen dichter zelfs de *diverbia* (of zamenspraken buiten het koor) op gedicht zijn, in hoogte en stoutheid doen afnemen. Van daar is het, dat, schoon men zijnen mededingers den voorkeur geve, wat aangaat de schikking en leiding van des treurspels onderwerp, bij Eschylus, (die zoo wel ten aanzien van zijne voortbrengselen, als van den tijd waarin hij geleefd heeft, een midden houdt tusschen dezen en de oude nog ruwe lierzangdichters, als Thespis) zeker oneindig meer te vinden is voor hem, dien het meer om' pracht van stijl, rijk- en grootheid van beelden, kracht en verhevenheid van uitdrukking, stevigheid en zwier van *verfificatie* te doen is. De Atheners zelve hebben hem niet alleen boven Euripides, maar zelfs boven Sophocles gewaardeerd: de nieuweren, hoe zeer niet zoo gunstig over hem denkende, hebben echter steeds grooten prijs gesteld op het weinige dat van hem overgebleven is: en, voorwaar, zonder ons over de verdiensten van die drie groote mannen te bestemd uit te laten, meenen wij echter te kunnen beweeren, dat Eschylus, in een ander opzicht als zijne twee volgeren uitmuntend, geen minder recht heeft op onze bewondering. — Wij gelooven den lezer geen ondienst te zullen doen, zoo wij deze aanteekeningen aanvangen met een nader bericht over Eschylus zelven, en over zijne PERZEN in het bijzonder.

Onze dichter dan werd uit een der aanzienlijkste geslachten te Athene geboren, en maakte zich bij zijne landgenooten niet minder door dapperheid dan door een' voortreflijken dichtgeest beroemd. Hij woonde de slagen van Maratho, Salamis
en

AANTEEKENINGEN.

en Platéa bij, en fchijnt aldaar bijzonder uitgemunt te hebben. Hij heeft echter in dat vaderland, hetwelk hij door zijn moed hielp verdedigen en tot wiens onfterflijken roem in het vak der letteren hij niet weinig heeft toegedragen, zijne dagen niet geëindigd. In de laatste jaren van zijn leven den prijs van het treurfpel tegen den jongen Sophocles, of, gelijk anderen met minder waarfchijnlijkheid willen, dien van een Treurdicht op de gefneuvelden bij Maratho tegen Simonides, verloren hebbende, verliet hij de ftad en begaf zich naar den vorst van Syracufe, Hiero, denzelfden, wiens overwinning in de Olympifche en Pythifche fpelen door Pindarus bezongen is, en aan wiens hof zoo wel deze laatste, als Simonides, Bacchylides (beiden uitftekende dichters van dien tijd) en onze Eschylus het gunstigst onthaal genoten. Uit erkentenis voor de weldaden die hij daar ontfing, zegt men dat hij, ter eere van den Koning, een Treurfpel gefchreven heeft, onder den naam van de ETNA; welk Treurfpel echter niet tot ons gekomen is. Hij ftierf te Gela, eene ftad in Sicilië, drie jaren na zijne komst in dit land, in het vijf en zestigfte jaar zijns ouderdoms. Na zijne dood ftelde men te Athene zulk een waarde op zijne werken, dat men met een ftuk van Eschylus behoorlijk verbeterd ter mededinging tot den prijs van het Treurfpel werd toegelaten. Men verhaalt ook dat Treurfpeldichters dikwijls hunne verzen op zijn graf kwamen voorlezen, als een hulde toegebracht aan de fchim van hunnen verhevenen voorganger. Het getal der ftukken, die zijne vruchtbare pen opgeleverd heeft, beloopt volgens zommigen op een en zeventig, waar onder vijf *Saterfpelen*, volgens anderen op negentig; van al het welk flechts

zeven Treurſpelen tot ons gekomen zijn, met name: PROME-
THEUS, HET BELEG VAN THEBE, DE PERZEN, DE OF-
FERAARSTERS, AGAMEMNON, DE SMEEKENDEN, DE
SCHRIKGODINNEN. Dertien malen is hij overwinnaar ge-
weest, en zelfs na zijne dood zijn zommige van zijne ſtukken
bekroond geworden.

Uit alles, wat de oudheid van dezen man te boek geſteld
heeft, kan men ligt opmaken dat hij met een fchitterend vernuft eene zeldzame vastheid van karakter en edelheid van gevoelens vereenigde. Dit blijkt ook voornamelijk uit den rol,
dien hij zijne perfonaadjen over het algemeen doet fpelen.
Overal, het zij in voor- of tegenfpoed, onderfcheiden zij zich
door eene nimmer vervallende grootheid van denken en fpreken, welke te gelijk eerbied voor hun inboezemt, te gelijk
een bij uitſtek hooge gedachte doet opvatten van de denkwij-
ze des dichters, die zulke voorwerpen weet voor te ſtellen.
Er is geen van zijne Treurfpelen, welke hier van geene be-
wijzen in menigte oplevert, en ook onze Perzen zijn 'er
gantsch niet van misgedeeld. De Rei, beſtaande uit mannen,
door hunne wijsheid en hooggevorderde jaren uitſtekend, en
daarom door den Koning zelven gekozen om gedurende zijne
afwezigheid het opzicht over zijne ſtaten te voeren, betoont
zelfs na de verfchrikkelijke tijding van des legers volkomen
nederlaag, en te midden van de klachten die zij doet ontſtaan,
eene zich altijd gelijk blijvende deftigheid. Xerxes zelf, hoe
reukeloos, hoe vernederd hij voorkome, behoudt in alle zijne
handelingen, in alle zijne zeggingen, in al zijn wanhoop zelfs,
iets treffends, dat geen medelijden alleen wekt, maar zelfs

ont-

ontzag. Zoodanig is Eschylus in de daarstelling van zijne personaadjen, zoodanig is hij in de wijze waarop zij zich uitdrukken. Het grootsche, het verhevene is altijd het kenmerk van zijne verzen, en de taal, die hij zijnen helden, halven Goden en Goden in den mond legt, is zoo verre boven den gewonen uitdruk verheven, als zij zelven boven den gewonen kring van menschen.

Wij zeiden hier boven dat Eschylus ook ten aanzien van zijne voortbrengselen een midden houdt tusschen Thespis en diens tijdgenooten, aan den eenen kant, Sophocles en Euripides aan den anderen. En indedaad, zoo men den trant, waarin zijne stukken geschreven zijn, aandachtig nagaat, geloof ik dat deze aanmerking weldra bevestigd zal worden. Maar het zal daar dan ook te gelijk uit blijken, dat 'er grooter krachten vereischt werden, om het Treurspel op te voeren tot den trap, dien het Eschylus heeft doen bereiken, dan om het op zulk eene hoogte zoo veel volkomenheid in het werktuigelijk gedeelte bij te zetten, als bij voorbeeld in Sophocles KONING EDIPUS bewonderd wordt. In een woord, behalve al het geen de Atheners den eersten te danken hadden voor al wat hij aan de behoorlijke uitvoering der stukken toegebracht heeft (iets, dat voor ons van minder belang is) heeft hij zoo vele voortreffelijke nieuwigheden in den pas geöpenden Dramatischen loopbaan ingevoerd, dat men hem met het beste recht den naam van Schepper van het Grieksch Tooneel zou kunnen toekennen.

En dit is, voor zoo verre men hem beschouwt, met betrekking tot den invloed die zijne stukken op de vorming van het Treurspel gehad hebben. Dan eerst komt Eschylus in het
schit-

fchitterendfte daglicht voor, wanneer men hem als dichter befchouwt. Bij hem heerscht nog de lierzang in haar volle zwier en kracht, en daar zelfs, waar de lateren, inzónderheid Euripides, een toon aannemen, den gematigden redenaarsftijl nader bij komende, daalt hij van de eens bereikte hoogte niet af, maar mengt in den toon des zuiveren lierzangs welke bij de koren uit haren aart vereischt, in de *diverbia* minder te pas komt, eenen na dien van het heldendicht eenigzins zwemenden; voor deze laatsten, den beftendigen Jambifchen, (zomtijds ook wel den Trochaïfchen) voetmaat bezigende. Van daar is het dat de ftoutfte vergelijkingen, overdrachtige en andere figuurlijke uitdrukkingen overal in menigte bij hem gevonden worden. Over het algemeen heeft zijne poëzij eene kracht, waar van niet alleen bij de Franfche Treurfpeldichters, maar zelfs bij zijne Griekfche volgeren, voor zoo verre hunne werken tot ons gekomen zijn, weinige of geene voorbeelden zijn. Tot deze kracht werkt niet weinig mede zijne recht fchoone en grootfche *verfificatie*, en het gepaste gebruik dat hij weet te maken van eene onwaardeerbare eigenfchap der Griekfche taal, (die ons Hollandsch met haar gemeen heeft) de vrijheid namelijk van nieuwe woorden door zamenftelling te vormen. Verwonderlijk is de werking, welke dit op zijne verhalen vooral uitoeffent. Deze zijn altijd vol vuur en leven, even als zijne hoogdravende Koorzangen met nieuwe en keurige Epitheta, als het ware, bezield; en ftellen met korte maar krachtige trekken de allertreffendfte beelden aan den geest voor. Eindelijk, om nog iets tot 's mans lof te melden (want hem in alle de deelen, waar hij in uitmunt, na te gaan, is hier niet

te

te doen), is het alleropmerkenswaardigst hoe zelden onze dichter, in welke omstandigheid ook geplaatst, tot een toon, ja tot een uitdrukking vervalt, het Treurspel, zoo als hij het zich voorstelde, onwaardig; iets, hetwelk van het grootste belang is, en echter onder de menigte groote mannen, die zich in dit vak beroemd gemaakt hebben, niet altijd zoo streng in acht genomen is.

Het heeft ook hier wederom niet aan lieden ontbroken, die zijne verdiensten door allerlei spitsvindigheden zochten te kort te doen. Zoo zijn er die hem verwijten, dat zijne poëzij niet roerend is, gelijk die van Sophocles, niet vervuld met zedelessen en wijsgeerige denkbeelden, gelijk die van Euripides. Wat aangaat het eerste, willen zij, die hem dit voorwerpen, daarmede te kennen geven dat aandoenlijkheid niet het kenschetsende van Eschylus is; wat zegt dit anders, dan dat de *manier* van den eenen dichter van die des anderen verschilt? Ieder moge nu, naar mate zijner bijzondere gesteltenis of smaak den een boven den ander verkiezen; geeft deze keuze daarom, zonder eenige andere gronden recht, het daarvan afwijkende te veroordeelen? Gewis, aan aandoenlijkheid van uitdrukking daar, waar het onderwerp het vereischt, mangelt het Eschylus even min als aan alle de overige vereischten der Tooneelpoëzij. Dat hij voorts niet zoo vruchtbaar in wijsgeerige en zedelijke lessen is, als Euripides, dit strekt hem veel eer tot lof dan tot verwijt; niet, dat de zedeleer en de verbetering en verheffing van het menschelijk hart door groote voorbeelden van deugd of ondeugd geen vereischten zijn van het Treurspel, maar om dat Eschylus, zonder dit belangrijk doel te veronachtzamen, nimmer,

mer, gelijk Euripides, den natuurlijken loop van zijn ftuk er in het minst voor ftoort, of de hartstochtelijke taal zijner fprekers door ongepaste uitftappen doet verkoelen. Bij hem is de zedeleer van de geheele behandeling van zijn onderwerp onaffcheidbaar, en doet zich ieder oogenblik gevoelen. Dus, bij voorbeeld, wordt die gewichtige waarheid, dat men zich op de oogenblikkelijke gunst der fortuin niet moet verlaten, dat men de Godheid als de eenige bron van alle welvaart hebbe te erkennen en aan te bidden, en zich te wachten van haar door heiligfchennis tot een gerechte wraak aan te zetten, in zijne Perzen gedurig betoogd, niet met ijdelen praal van woorden en in den kouden vorm van wijsgeerige redeneering, maar met al het dichterlijke vuur, waar dit uitftekend werk in alle zijne deelen van fchittert. Op dezelfde wijze gaat ook Sophocles met de zedeleer te werk, wiens zoo even aangehaalde KONING EDIPUS de waarheid van het zeggen, dat, niemand voor het oogenblik van zijne dood gelukkig mag genoemd worden, overal in het grootfte licht ftelt; terwijl de Rei eerst bij het einde van het ftuk met weinige woorden deze waarachtige fpreuk door de op Edipus zoo plotfeling uitgeborsten rampen bevestigt. Eindelijk verwijt men onzen dichter ook, dat hij door eene te ver gedrevene deftigheid dikwijls in het ruwe en reusachtige vervalt; en voorwaar het is geen gering oordeelkundige die hem iets diergelijks nageeft. (*) Merken wij dit echter aan, dat, zoo men zich in het beoordee-

(*) *Rudis & incompofitus* wordt hij bij Quintil. Inftit. Orat. L. X. C. 1. gezegd te zijn.

deelen van Eschylus bij den ftaat bepaalt, waarin het Treurfpel na hem gebracht is, zijn toon zeker te dikwijls veel te hoog rijst; doch zoo men deszelfs oorfprong nagaat, en het, volgens het denkbeeld, dat men zich in de oudfte tijden er van vormde, als een foort van lyrifche poëzij aanmerken wil, deze tegenwerping aanftonds geheel verdwijnen zal. Uit dit oogpunt moet men onzen dichter befchouwen, om hem naar verdienste te waardeeren. Over den oorfprong voorts van het Griekfche en het hedendaagfche Treurfpel en het daaruit voortvloeijende onderfcheid tusfchen deze beiden, raadplege men de Verhandeling van den Heer Mr. BILDERDIJK, te vinden in het Tweede Deel van zijne Treurfpelen. Men zie vooral *bladz.* 127 *en volg.* —

Het is dan, na het geen wij tot nog toe van Eschylus gezien hebben, geenszins te verwonderen, dat hij zijn uitftekend dichterlijk vermogen onder anderen ook aan de vereeuwiging befteedde eener gebeurtenis, zoo gewichtig voor zijne landgenooten, en waaraan hij zelf zoo veel deel genomen had, als de verdrijving der Perzen en het verijdelen van hunne ontwerpen tegen de vrijheid van Griekenland. Het zal hier, dunkt mij, niet onvoegzaam zijn iets te melden van den Perzifchen oorlog en hoe het met de zaken der Grieken in dit opzicht gefchapen ftond ten tijde, waarop Eschylus dit zijn Treurfpel vervaardigde. In het jaar 502 dan voor de gewone tijdrekening, beftond Histieus van Miletus, eene ftad in Ionië, deze gantfche landftreek van de heerfchappij der Perzen, toen ter tijd meesters van fchier heel Azië, te bevrijden. Door hem tot opftand gewekt roepen de Ioniërs de medewerking in der
Eu-

Europeefche Grieken, van wie zij zelve eene volkplanting waren, en bekomen werkelijk twintig fchepen van Athene en vijf van Eretrië, in het eiland Eubéa. Aldus gefterkt wagen zij het op Sardes, de hoofdftad van Lydië (insgelijks, zedert Crefus val, onder Perzië behoorende) aan te rukken en maken zich gezamenlijk met hunne hulptroepen meester van de ftad; maar verlaten door de Atheners, worden zij, na verfcheidene wisfelingen van de krijgskans in het zesde jaar na hunnen opftand weder aan de Perzifche macht onderworpen. Een geruimen tijd hierna befluit Darius, zedert lang vlammend op de beheerfching der Grieken, en daar en boven door den uit Athene gejaagden tijran Hippias, Pifistratus zoon, gedurig aangehitst, in Griekenland den oorlog te voeren, onder voorwendfel van de hulp door de Atheners en Eretriërs aan de oproerigen toegebracht, maar in de daad om alle de Grieken onder zijne regeering te vereenen. Hij verzamelt hiertoe een machtig leger, dat onder geleide van twee zijner beste bevelhebbers eerst op zes honderd fchepen naar het eiland Eubéa trekt, Eretrië inneemt en verwoest, en van daar naar Attica overfteekt om Athene het eigen lot te doen ondergaan. Op de velden van Maratho, een burgt niet ver van Athene, komen hun tien duizend Atheners en duizend Plateërs te gemoet, door tien Veldheeren aangevoerd, waaronder Miltiades en Aristides de voornaamften. Na een bloedig gevecht verklaart zich de overwinning voor de Grieken. Darius overleeft zijne nederlaag niet lang. Zijn zoon, door eigen heerschzucht en den raad van zijne hovelingen aangefpoord, houdt zich gedurende vier jaren met vreesfelijke toebereidfelen tot den oorlog bezig.

Hij

Hij verlaat zelf zijne hoofdſtad aan het hoofd van het leger, rukt in Griekenland, komt alle hinderpalen met geweld te boven, verbrandt Athene, wier inwoners zich alle op de vloot ingeſcheept hadden; maar wordt in een zeeſlag, dien hij kort daarna bij Salamis levert, volkomen verſlagen, en begeeft zich op de vlucht naar zijn rijk, latende zijn' ſchoonbroeder Mardonius met een talrijk leger in Beötië achter. Maar ook dit leger wordt niet lang daarna bij Platéa door de verbondene Grieken geheel uit elkander gejaagd. Dit gevecht en de zeeſlag bij Mycale, een kaap van Iönië, op denzelfden dag voorgevallen, beſliſten den Perziſchen oorlog en de vrijheid van Griekenland. Het is dan voornamelijk de ſlag bij Salamis, dien onze dichter tot het voorwerp van zijnen zang wilde maken. Maar hij was de man niet, die zich te vrede kon ſtellen met het bewerken van zijn onderwerp op eene gewone manier. Het was geen Triomfzang op de overwinning, geen Treurlied op de in den ſlag geblevenen of iets diergelijks, waardoor hij naar waarde zulk eene gebeurtenis meende te kunnen verheffen. Hij wilde daarenboven den Grieken (het Atheenſche volk in het bijzonder) de vleijendſte hulde toebrengen door hen te midden te plaatſen van het in rouw gedompelde hof des Perziſchen konings. En hiertoe verkoos hij den vorm van het ſtatige Treurſpel; eene onderneming voorwaar van ongemeene ſtoutheid, en de hooge vlucht, die hij in alle zijne ſtukken pleegt te nemen, overwaardig; vooral wanneer men in acht neemt welke onderwerpen te dier tijde voor het Treurſpel geſchiktst gerekend werden. Immers voor Goden, Halve Goden of Helden uit de oudſte tijdvakken der Griekſche geſchiedenis,

nis, de eigenlijke hoofdperfonaadjen van het dichtftuk, moest hij zich thans vergenoegen met menfchen voor te ftellen, in de eeuw zelf levende, waarin hij fchreef, en aan wien dus niet eens door dichterlijke verfiering die bovenmenschlijke grootheid fcheen te kunnen gegeven worden, welke tot de oorfpronkelijke kracht van het Treurfpel volftrekt onmisbaar is. Maar ook deze moeilijkheid moest voor den vurigen dichtgeest van Eschylus zwichten. Hij voerde de fchim van Darius, den grooten Koning, den Held, den Vader van zijne volken, den eerbiedigen aanbidder der Goden in, de eerste oorzaak aan den dag brengende van het gebeurde, en wat nog te gebeuren ftond, voorfpellende; en dit alleen was genoeg om dit zijn ftuk tot de hoogte van zijne overigen te verheffen. Uit deze plaatfing van het Tooneel in 's vijands eigene hoofdftad fproot het dubbel voordeel, dat de lof aan den overwinnaar uit den mond van de overwonnenen toegebracht, oneindig ftreelender werd, dan hij, onder eenigen anderen vorm voorgefteld, zou kunnen geweest zijn, terwijl den verflagen Pers in al zijn onheil eene grootheid toegefchreven wordt, die den zegepraal der Grieken nog fchitterender doet voorkomen. En aldus werden de Perzen van Eschylus geboren. Wat aangaat nu den loop van het ftuk, deze is, gelijk gewoonlijk bij hem is, allereenvoudigst. Eéne voorname verdeeling doet zich bij de lezing dra gevoelen. Het eerste deel ftelt den tijd voor, waar op het Perzifche hof nog geflingerd wordt tusfchen de hoop, waartoe de verbazende macht, door den Koning tot den inval in Griekenland verzameld, rede gaf, aan den eenen kant, en de ongerustheid, uit de achterblijving van tijdingen uit het

le-

leger, de te dikwijls ondervondene wispelturigheid der fortuin en ongunstige voorteekenen fpruitende, aan den anderen kant. Het tweede gedeelte bevat de mededeeling der geledene nederlaag bij Salamis door een bode, die der nog dreigende bij Platéa, door Darius, en de klachten van Xerxes en de zijnen over hunne ongelukken. Dus wordt de tegenftelling tusfchen de oude reusachtige macht der vijanden en hunne tegenwoordige vernedering, als zijnde iets van het hoogfte gewicht, in het fchitterendfte licht geplaatst; en voorwaar niet zonder reden. Het is immers juist deze tegenftelling, welke de bereiking van het hoofddoel des dichters, de verheerlijking der Griekfche òverwinnaars, en die van een tweede niet minder belangrijk oogmerk, de zedeleer, bij uitnemendheid bevordert. Voor het overige, wat men ook door ongepaste vooringenomenheid voor het latere Tooneel, tegen deze eenvoudigheid in de fchikking van dit Treurfpel hebben moge, zonder blijkbare ongerijmdheid echter zal men toch zijne poëzij en *verfificatie* de hoogfte goedkeuring niet kunnen ontzeggen. Men hoore echter op welk een toon de bekende La Harpe zich over een' man als Eschylus uitlaat, in zijn *Cours de Littérature*, (*Vol. I, p.* 326.) alwaar hij, na zijn oordeel over den PROMETHEUS geveld te hebben, in dier voege van DE PERZEN fpreekt:

Les Perses dont le sujet est plus rapproché de la nature, n'offrent rien de plus régulier, mais on sent combien cet ouvrage devoit plaire aux Athéniens. C'est la défaite des Perses à Salamine, qui occupe cinq actes en récits, en descriptions, en présages, en songes, en lamentations: nulle trace encore d'action ni d'intrigue. La scène est à Suze. Des vieillards, qui for-

ment le choeur, attendent avec inquiétude des nouvelles de l'expedition de Xerxès. Atossa, mère de ce prince, vient leur raconter un songe qui l'épouvante. Arrive un soldat échappé de l'armée, qui raconte le désastre des Perses. Atossa évoque l'ombre de Darius, et contre l'ordinaire des ombres, qui ne reviennent que pour révéler aux vivans quelque grand secret, celle-ci ne revient que pour entendre de la bouche d'Atossa ce qu'elle même vient d'apprendre de la défaite de Xerxès. Au cinquième acte, Xerxès lui-même paraît seul avec un carquois vide qui est, dit-il, tout ce qui lui reste de cette prodigieuse armée, qu'il avoit amenée contre les Grecs. Il s'est sauvé avec bien de la peine. Il pleure, il gémit, et ne fait autre chose que de recommander à sa mère et aux vieillards de pleurer et de gémir. Toute la pièce d'ailleurs est remplie, comme on peut se l'imaginer, des louanges du peuple d'Athènes: il est invincible, il est favorisé du ciel, il est le soutien de la Grèce. Tout cela étoit vrai alors, mais le poëte met ces louanges dans la bouche même des ennemis vaincus, et l'on sent combien elles en deviennent plus flatteuses. Il leur montre pendant cinq actes les Perses dans la terreur, dans l'humiliation, dans les larmes, dans l'admiration pour les vainqueurs. Avec un tel sujet traité devant des républicains enivrés de leur gloire et qui n'avoient pas encore appris à être difficiles on pouvoit être couronné sans avoir fait une scène tragique, et c'est ce qui arriva. —

Behalve alle de onnaauwkeurigheden van deze korte oordeelvelling, zoo men alleen op haren zakelijken inhoud letten wil; valt het aanſtonds in het oog, dat de beoordeelaar, ongevoelig voor de menigvuldige zoogenoemde ſchoonheden van *détail*,

die

die dit ftuk bevat, zich met deszelfs geheel bezig houdende, hierin de Franfche Tooneelpoëzij tot maatftaf gebruikt; zeker geen middel om met vrucht over de Griekfche te fpreken. Op zommige plaatfen zoude men ook welligt in verzoeking raken te onderftellen dat hij de woorden of de meening van den dichter niet begrepen heeft. Wij zullen eenen trek uit het zoo even aangehaalde kiezen, waar in dit het geval is, niet om den in vele opzichten zoo verdienftelijken La Harpe in zijnen roem te kort te doen, maar om dat zij, die met het oorfpronkelijke niet bekend zijn, zich veellicht door zijne oppervlakkige en lichtvaardige beflisling een verkeerd denkbeeld van hetzelve konden voorftellen. Op een luchtigen toon geeft hij dan onder anderen te kennen, dat de verfchijning van Darius fchim eigenlijk niets ter zake doet, daar hij niet, naar het geen bij de fchimmen gewoonlijk is, een groot geheim komt openbaren, maar alleenlijk van Atosfa vernemen, wat zij-zelve eenige oogenblikken te voren van de nederlaag bij Salamis gehoord heeft. Deze aanmerking mag voor hem van belang fchijnen, die niet verder gelezen heeft dan de plaats, waar Darius naar de rede vraagt van de droefheid, waar heel Suze in gedompeld is, en het antwoord daarop. Bij wien het geen hierop volgt bekend is, hoe deze Vorst zich een orakel van vroeger tijden herinnert en hierdoor nieuwe ongelukken bij het reeds geledene aankondigt, de eenige bewaring voor gelijke rampen in het toekomende in het ongefchonden laten van den Griekfchen grond ftelt, en de gramfchap der Goden, door Xerxes krijgsvolk in Griekenland in hunne tempels gehoond, voor de naafte oorzaak van den val der Perzen verklaart, bij dezen, zag ik, zal het belang, ja de noodzakelijkheid dezer geestverschijning niet in twijfel worden getrokken en La Harpes berisping niet nalaten te vervallen. Het is echter op grond van zoodanige misvattingen dat hij, wat vroeger (*p.* 320.) onzen dichter zoo verre beneden Corneille stelt, als hij zelf boven den ouden Treurspelmaker Hardy verdient geächt te worden. Doch men neme in aanmerking het onderscheid tusschen het Griekfche en het Fransche Tooneel, men vergelijke de stukken van deze hunne wederzijdsche stichters, den staat waarin zij hun tooneel vonden, den staat, waarin zij het aan hunne volgers lieten, de hulpmiddelen die zij beiden hadden, en vrage zich dan waarop dit partijdige en onbepaalde oordeel des Franschen Letterkundigen steune? De vergelijking tusschen Eschylus en Corneille als dichters moet, al ware het slechts uit den aart hunner Tooneelen, noodzakelijk ten voordeele des eersten uitvallen. Misschien zijn de Treurspelen van onzen Vondel de eenige, welke in dit opzicht met die van Eschylus verdienen in vergelijking gebracht te worden.

Ten slotte van dit kort bericht over Eschylus en zijne Perzen, kunnen wij nog aanmerken dat dit Treurspel te gelijk met den Prometheus, en nog twee andere stukken, waarvan de namen alleen tot ons gekomen zijn, ten tooneele gevoerd en bekroond is geworden. De dichter was toen omstreeks zestig jaren oud.

Bladz. 1, v. 1.

HET HEIR DER PERZIAANSCHE SCHAREN, enz.

Na eene korte inleiding, dienende om den aanschouwer te onderrichten, uit welke personen de rei zamengesteld is, gaat

gaat de dichter onverwijld over tot de voorstelling van de ongerustheid der Perzianen gedurende de afwezigheid van hunnen Koning. Eene beknopte vermelding van alle de volkeren die Xerxes krijgsmacht uitmaken, geeft gelegenheid tot verheffing van zijne grootheid, tot bemoediging omtrent den uitslag van zijne onderneming. Deze streelende hoop wordt gestoord door het denkbeeld, dat zonder de gunst der Goden alle toebereidselen vruchteloos zijn, dat men meermalen den hoogsten voorspoed in verschrikkelijke tegenspoeden heeft zien verkeeren. (*bladz.* 5, v. 9.) De daaraanvolgende Keeren en Tegenkeeren breiden deze gedachte uit, en worden gesloten met een beklag over den toestand van het rijk, door den bloem van zijne manschap verlaten. Zoodanig is de zamenhang en overgang der denkbeelden in dezen eersten Koorzang, welke ik met weinige woorden heb gemeend te moeten ophelderen, uit hoofde van de moeilijkheid, die de bevatting derzelven in lyrische poëzij voor den min bedrevenen hebben kan, en die ik oordeelde, dat misschien niet genoegzaam door mijne overzetting uit den weg geruimd was.

Bladz. 1. v. 12.

TROK NIET HEEL AZIË TE VELD?

Dat dit geen dichterlijke grootspraak is, maar met het historisch verhaal overeenkomt, blijkt uit de volgende woorden van Herodotus: Στόλων γὰρ τῶν ἡμεῖς ἴδμεν πολλῷ δὴ μέγιστος οὗτος ἐγένετο· ὥστε μήτε τὸν Δαρείου τὸν ἐπὶ Σκύθας παρὰ τοῦτον μηδὲν φαίνεσθαι, μήτε τὸν Σκυθικόν, ὅτε Σκύθαι Κιμμερίους διώκοντες, ἐς τὴν Μηδικὴν χώρην ἐμβαλόντες σχεδὸν πάντα τὰ ἄνω τῆς Ἀσίης καταστρεψάμενοι, ἐνέμοντο· —

μήτε κατὰ τὰ λεγόμενα τῶν Ἀτρειδέων ἐς Ἴλιον, μήτε τὸν Μυσῶν τε καὶ Τευκρῶν, τὸν πρὸ τῶν Τρωϊκῶν γενόμενον. — Αὗται αἱ πᾶσαι, οὐδ᾽ ἕτεραι πρὸς ταύτῃτι γενόμεναι στρατηλασίαι, μίας τῆςδε οὐκ ἄξιαι· τί γὰρ οὐκ ἤγαγε ἐκ τῆς Ἀσίης ἔθνος ἐπὶ τὴν Ἑλλάδα Ξέρξης; † — Διέβη δὲ ὁ στρατὸς αὐτοῦ ἐν ἑπτὰ ἡμερῇσι καὶ ἐν ἑπτὰ εὐφρόνῃσι, ἐλινύσας οὐδένα χρόνον. ἐνθαῦτα λέγεται, Ξέρξεω ἤδη διαβεβηκότος τὸν Ἑλλήσποντον, ἄνδρα εἰπεῖν Ἑλλησπόντιον, ,,Ὦ Ζεῦ, τί δὴ ἀνδρὶ εἰδόμενος Πέρτῃ ,, καὶ οὔνομα ἀντὶ Διὸς Ξέρξεα θέμενος, ἀνάστατον τὴν Ἑλλάδα ,, ἐθέλεις ποιῆσαι, ἄγων πάντας ἀνθρώπους; καὶ γὰρ ἄνευ ,, τουτέων ἐξῆν τοι ποιέειν ταῦτα." †† — Ὅσον μέν νυν ἕκαστοι παρεῖχον πλῆθος ἐς ἀριθμόν, οὐκ ἔχω εἶπαι τὸ ἀτρεκές· οὐ γὰρ λέγεται πρὸς οὐδαμῶν ἀνθρώπων· σύμπαντος δὲ τοῦ στρατοῦ τοῦ πεζοῦ τὸ πλῆθος ἐφάνη ἑβδομήκοντα καὶ ἑκατὸν μυριάδες. ††† — Τῶν δὲ τριηρέων ἀριθμὸς μὲν ἐγένετο ἑπτὰ καὶ διηκόσιαι καὶ χίλιαι. ‡ —

dat is: *Van alle tochten, die wij gezien hebben, is deze verre de grootste: zoo zelfs, dat noch het leger van Darius tegen de Scythen bij dit in vergelijking kan gebracht worden, noch dat van de Scythen, toen zij de Cimmeriërs vervolgende, in het Medische rijk vielen, en schier heel het noordelijk Azië meester werden: — noch wat men van dat der Atriden tegen Ilium, en in vroeger tijden nog, van de Mysiërs en Teucriërs verhaalt. — Alle deze tochten en nog anderen daar bij kunnen dezen éénen niet opwegen; want welk volk is er in Azië, dat Xerxes niet heeft medegevoerd? — Het leger voer (naar Europa) over gedurende zeven dagen en zeven nachten, en dat wel zonder zich*

op

† L. 7. c. 20.   †† Ibid. c. 56.   ††† Ibid. c. 60.   ‡ Ibid. c. 89.

AANTEEKENINGEN.

op te houden. Men verhaalt dat, toen Xerxes den Hellespont reeds over was, een bewoner der kusten van deze zee uitriep: „o Jupiter! waarom hebt gij de gedaante van eenen Pers en „den naam van Xerxes aangenomen en met het geheele mensch- „dom eenen tocht ter vernieling van Griekenland begonnen, „daar gij dit toch zonder al dien toeftel vermoogt te doen?" — Hoe vele legerknechten nu elk volk geleverd heeft kan ik niet met zekerheid bepalen; men vindt dit nergens aangeteekend. Dit is zeker dat het getal in het geheel beliep op een miljoen, zeven maal honderd duizend. — Het getal der oorlogfchepen bedroeg twaalf honderd en zeven.

Bladz. 2. v. 4.

GIJ, SUZE, CISSA, EKBATAAN!

Suze, de hoofdftad van Perzie, in de landftreek Suziane, Cisfa in Cisfîë, insgelijks een landftreek onder Perzië behoorende. Ekbataan, de hoofdftad van het oude Medifche rijk.

Bladz. 2. v. 3. van ond.

PEGASTON, IN 'T EGYPTISCH RIJK, enz.

Memphis en Thebe, beide voorname fteden van Egypte, welk land Cambyfes, Cyrus zoon, het eerst aan de Perzifche heerfchappij onderwierp. Het Egyptisch Thebe wordt van het Griekfche veelal onderfcheiden door het Epitheton ἑκατόμπυλος of *honderdpoortige.*

Bladz. 3. v. 2.

'T MOERASSIG LAND, enz.

Men verfta de moerasfen van Egypte.

Bladz. 3. v. 14.

MAAR MARDON VOERT VAN TMOLUS VOERT enz.

Tmolus, een berg van Lydië.

Bladz. 3. v. 17.

HET ROEMRIJK BABEL ZENDT EEN STOET enz.

Babel, de hoofdſtad van Babylonië, welk land insgelijks door vroegere overwinningen onder Perzië gebracht was.

Bladz. 4. v. 8.

DE ZEE DIE HELLA HEEFT VERZWOLGEN,

De Hellespont, dus genoemd naar Hella, eene Thebaanſche prinſes, die in hare vlucht naar Azië in deze engte, uit het ſchip gevallen zijnde, het leven verloor.

Bladz. 4. v. 5 van ond.

DE VORST UIT GODENBLOED GESPROTEN,

Χρυσογόνου γενεᾶς Ισόθεος Φώς, heeft het oorſpronkelijke, letterlijk: *de goddelijke man uit een gouden geſlacht geſproten*, dat is: *uit het edelſte geſlacht geſproten*. De Perzifche Vorsten werden voor afſtammelingen van Perſeus, den zoon van Jupiter en Danaë, gehouden. Misſchien ook is dit woord χρυσόγονος eene meer bijzondere toeſpeling op deze afkomst. Men weet dat Jupiter gezegd werd zich in een gouden regen veranderd te hebben, om Danaë, door haren vader Acrifius, wien volgens eene voorſpelling van het orakel, haar kroost van het leven moest berooven, in een welbewaarde toren opgeſloten, te genaken.

Bladz. 6. v. 6 en 7.

TOEN GE U EEN VEILGEN OVERTOCHT

OP ZAAMGEBONDEN KIELEN WROCHT,

Volgens het verhaal van Herodotus † liet Xerxes twee bruggen

† L. 7. c. 35.

AANTEEKENINGEN.

gen van fchepen, door hunne ankers gevestigd, over den Hellespont flaan, en werden er tot de eene drie honderd en zestig, tot de andere drie honderd en dertig fchepen gebruikt.

Bladz. 8. v. 2.

EN ZIJ UW HULDE HAAR AL KNIELEND AANGEBOÔN.

Het was aan het Perzisch hof niet geöorloofd tot de vorsten anders dan knielende en aanbiddende te naderen. De vreemdelingen, die zich hier aan niet wilden onderwerpen, werden ten hove niet toegelaten. Het is bekend dat de vrije en aan niets dergelijks gewone Grieken, wanneer zij den Koning van wege hun vaderland moesten onderhouden, deze vernederende plechtigheid door allerlei wegen zochten te vermijden. Uit denzelfden hoogen eerbied der Perzen voor hunnen Vorst, welke aan dit gebruik den oorfprong gaf, is ook de groet te verklaren, dien Eschylus in het begin van het volgende Tooneel den Rei in den mond legt, daar hij Atosfa met den naam aanfpreekt van Θεοῦ μὲν ἑυνάτειρα Περσῶν, Θεοῦ δὲ καὶ μητήρ, dat is: *echtgenoote en moeder van Goden bij de Perzen.*

Bladz. 8. v. 10.

EN TROOST EN BALSEM WACHT, MIJN VRIENDEN, VAN UW RAAD.

De woorden, δυδαμῶς ἐμαυτῆς οὐσ' ἀδείμαντος heb ik anders verftaan, dan zij gewoonlijk uitgelegd worden. Ik meen dat de zamenhang deze is: *Ik zal*, zegt zij, *u mijne zorgen mededeelen,* (ἐς ὑμᾶς ἐρῶ μῦθον) *daar ik in mij zelve gantsch niet zonder vreze ben dat*, enz. Onder welke woorden te kennen gegeven wordt dat zij van den Rei eenige geruststelling
be-

begeert omtrent het voorwerp van hare angst. Dit laatſte denkbeeld heeft mijne overzetting in het hier aangebrachte vers uitgedrukt.

Bladz. 9. v. 12 en volg.

EEN JEUGDIG VROUWENPAAR, enz.

De Iöniërs, eene volkplanting in Azië van de Europeeſche Grieken, en dus door het bloed aan hun verbonden, waren ten tijde van Xerxes aan de Perzen wederom onderworpen, terwijl dezen vruchtelooze pogingen deden om de andere Grieken in hetzelfde juk te dwingen, en hunne ondernemingen met de grootſte onheilen boetten. Dit is het geen, met dichterlijke verſiering, deze droom te kennen geeft, en wat door denzelven zoo wel als door het voorteeken van den adelaar, door een havik vervolgd, voorſpeld wordt.

Bladz. 11. v. 14.

AAN WAT KANT LIGT TOCH DE ATHEENSCHE GROND?

Het zal misſchien vreemd voorkomen, dat eene Vorstin, wier echtgenoot met Griekenland in oorlog geweest was, en wier zoon het noch werkelijk was, na zich zoo langen tijd tot den inval in dit land bereid te hebben, naar de ligging van Athene vraagt, als ware die haar onbekend. Men zou welligt deze vraag op eene of andere wijze kunnen verklaren, waardoor hare ſchijnbare ongepastheid verſchoond mocht worden. Doch het komt mij voor dat ook hier wederom in den aart van het Griekſche Treurſpel de ware uitlegging gezocht moet worden. Het is de dichter zelf, die in zijne perſonaadjen ſpreekt. Hij beſchouwt hen, in eene dichterlijke *abſtractie* (indien ik het eens zoo noemen mag) alleen in die omſtandig-

heid,

heid, waar in hij zelf ze plaatst, buiten verband met hunne andere betrekkingen, dan voor zoo verre die met het hoofdonderwerp onmiddelijk zamenhangen. Op deze wijze ftelt dan Eschylus ons in dit gedeelte van zijn ftuk de ongerustheid voor van de moeder des Konings over het lot van haren zoon, en laat haar dus alle die vragen doen, welke uit die ongerustheid kunnen geboren worden, zonder zich te ftoren of omftandigheden daar buiten dezelve minder natuurlijk maken. Hoe anders dan op evengemelden grond zal men, bij voorbeeld, de inleiding van alle die Treurfpelen kunnen verdedigen, waarin een der perfonaadjen, om den aanfchouwer met het onderwerp bekend te maken, hem zijn naam, afkomst en lotgevallen zelf komt mededeelen?

Bladz. 12. v. 2.

JA, MIJNEN HEEFT ZE, DIE VAN ZILVER OVERVLOEIJEN.

Deze zilvermijnen, welke meermalen bij de ouden geroemd worden, en onder de voornaamfte bezittingen der Atheners gerekend werden, waren gelegen onder den berg Laurium in Attica.

Bladz. 1?. v. 8.

ACH! EENS DEED ZULK EEN HOOP DARIUS HEIR VERGAAN.

Bij Maratho. Men zie de Inleiding dezer Aanteekeningen.

Bladz. 16. v. 2. en volg.

MAAR 'T HOOFD VAN DUIZENDEN, enz.

Misfchien zal men bij dit verhaal van het voorgevallene bij Salamis, eene der fchitterendfte plaatfen van het oorfpronkelijke, niet zonder genoegen het volgende zoo vermaarde verhaal uit 's dichters BELEG VAN THEBE aangehaald zien,

waar

waar een Bode den Koning Eteocles van de stand der vijanden rondom de stad bericht komt geven:

* Λέγοιμ' ἂν, εἰδὼς εὖ, τὰ τῶν ἐναντίων,
Ὡς τ' ἐν πύλαις ἕκαστος εἴληχεν πάλον.
Τυδεὺς μὲν ἤδη πρὸς πύλαισι Προιτίσι
Βρέμει· πόρον δ' Ἰσμηνὸν οὐκ ἐᾷ περᾶν
Ὁ μάντις. Οὐ γὰρ σφάγια γίγνεται καλά.
Τυδεὺς δὲ μαργῶν, καὶ μάχης λελιμμένος,
Μεσημβριναῖς κλαγγαῖσιν ὡς δράκων, βοᾷ.
Θένει δ' ὀνείδει μάντιν Οἰκλείδην σοφόν,
Σαίνειν μόρον τε καὶ μάχην ἀψυχία·
Τοιαῦτ' ἀΰτῶν τρεῖς κατασκίους λόφους
Σείει, κράνους χαίτωμ', ὑπ' ἀσπίδος δέ τῷ
Χαλκήλατοι κλάζουσι κώδονες Φόβον·
Ἔχει δ' ὑπέρφρον σῆμ' ἐπ' ἀσπίδος τόδε
Φλέγονθ' ὑπ' ἄστροις οὐρανὸν τετυγμένον·
Λαμπρὰ δὲ πανσέληνος ἐν μέσῳ σάκει,
Πρέσβιστον ἄστρων, νυκτὸς ὀφθαλμός, πρέπει.
Τοιαῦτ' ἀλύων ταῖς ὑπερκόμποις σαγαῖς
Βοᾷ παρ' ὄχθαις ποταμίαις, μάχης ἐρῶν·
Ἵππος χαλινῶν ὡς κατασθμαίνων μένει,
Ὅστις βοὴν σάλπιγγος ὁρμαίνει μένων.
Τίν' ἀντιτάξεις τῷδε; τίς Προίτου πυλῶν,
Κλείθρων λυθέντων, προστατεῖν φερέγγυος;......
Καπανεὺς δ' ἐπ' Ἠλέκτραισιν εἴληχεν πύλαις,
Γίγας ὅδ' ἄλλος, τοῦ πάρος λελεγμένου

Μελ-

* v. 360.

Μείζον, ὁ κόμπος δ'οὐ κατ' ἄνθρωπον φρονεῖ.
Πύργοις δ'ἀπειλεῖ δεῖν', ἃ μὴ κραίνοι τύχη.
Θεοῦ τε γὰρ θέλοντος ἐκπέρσειν πόλιν
Καὶ μὴ θέλοντος φησὶν, οὐδὲ τὴν Διὸς
Ἔριν πέδῳ σκήψασαν ἐκποδὼν σχέθειν.
Τὰς δ'ἀστραπάς τε καὶ κεραυνίους βολὰς
Μεσημβρινοῖσι θάλπεσιν προσείκασεν.
Ἔχει δὲ σῆμα, γυμνὸν ἄνδρα πυρφόρον,
Φλέγει δὲ λάμπας διὰ χερῶν ὡπλισμένη·
Χρυσοῖς δὲ φωνεῖ γράμμασιν· ΠΡΗ΄ΣΩ ΠΟ΄ΛΙΝ.
Τοιῷδε φωτὶ πέμπε...... Τίς ξυστήσεται;
Τίς ἄνδρα κομπάζοντα μὴ τρέσας μενεῖ;......
Καὶ μὴν τὸν ἐντεῦθεν λαχόντα πρὸς πύλαις
Λέξω. Τρίτῳ γὰρ Ἐτεόκλῳ τρίτος πάλος
Ἐξ ὑπτίου 'πήδησεν εὐχάλκου κράνους,
Πύλαισι Νηίτῃσι προσβαλεῖν λόχον.
Ἵππους δ'ἐπ' ἀμπυκτῆρσιν ἐμβριμωμένας
Δινεῖ, θελούσας πρὸς πύλαις πεπτωκέναι.
Φιμοὶ δὲ συρίζουσι βάρβαρον βρόμον
Μυκτηροκόμποις πνεύμασιν πληρούμενοι.
Ἐσχημάτισται δ'ἀσπὶς οὐ σμικρὸν τρόπον·
Ἀνὴρ δ'ὁπλίτης κλίμακος προσαμβάσεις
Στείχει πρὸς ἐχθρῶν πύργον, ἐκπέρσαι θέλων,
Βοᾷ δὲ χ' οὗτος γραμμάτων ἐν ξυλλαβαῖς,
Ὡς οὐδ' ἂν Ἄρης σφ' ἐκβάλοι πυργωμάτων.
Καὶ τῷδε φωτὶ πέμπε τὸν φερέγγυον
Πόλεως ἀπείργειν τῆσδε δούλειον ζυγόν......

AANTEEKENINGEN.

Τέταρτος ἄλλος γείτονας πύλας ἔχων
Ὄγκας Ἀθάνας, ξὺν βοῇ παρίσταται
Ἱππομέδοντος σχῆμα καὶ μέγας τύπος·
Ἅλω δὲ πολλήν, ἀσπίδος κύκλον λέγω,
Ἔφριξα δινήσαντος· οὐκ ἄλλως ἐρῶ.
Ὁ σηματουργὸς δ' οὔ τις εὐτελὴς ἄρ' ἦν,
Ὅστις τόδ' ἔργον ὤπασε πρὸς ἀσπίδι,
Τυφῶν' ἱέντα πυρπνόον διὰ στόμα
Λιγνὺν μέλαιναν, αἰόλην πυρὸς κάσιν·
Ὄφεων δὲ πλεκτάναισι περίδρομος κύτους
Προσηδάφισται κοιλογάστορος κύκλος·
Αὐτὸς δ' ἐπηλάλαξεν, ἔνθεος δ' Ἄρει
Βακχᾷ πρὸς ἀλκήν, Θυιὰς ὥς, Φόνον βλέπων.
Τοιοῦδε Φωτὸς πεῖραν εὖ φυλακτέον.
Φόβος γὰρ ἤδη πρὸς πύλαις κομπάζεται......
...... Τὸν δὲ πέμπτον αὖ λέγω,
Πέμπταισι προσταχθέντα Βορρείαις πύλαις,
Τύμβον κατ' αὐτὸν Διογενοῦς Ἀμφίονος·
Ὄμνυσι δ' αἰχμήν, ἣν ἔχει, μᾶλλον θεοῦ,
Σέβειν πεποιθὼς, ὀμμάτων θ' ὑπέρτερον,
Ἦ μὴν λαπάξειν ἄστυ Καδμείων, βίᾳ
Διός. Τόδ' αὐδᾷ μητρὸς ἐξ ὀρεσκόου
Βλάστημα καλλίπρωρον, ἀνδρόπαις ἀνήρ.
Στείχει δ' ἴουλος ἄρτι διὰ παρηΐδων
Ὥρας φυούσης, ταρφὺς ἀντέλλουσα θρίξ.
Ὁ δ' ὠμόν, οὔτι παρθένων ἐπώνυμον
Φρόνημα, γοργὸν δ' ὄμμ' ἔχων προσίσταται.

Οὐ

AANTEEKENINGEN.

Ὀυ μὴν ἀκόμπαστός γ' ἐφίσταται πύλαις·
Τὸ γὰρ πόλεως ὄνειδος ἐν χαλκηλάτῳ
Σάκει, κυκλωτῷ σώματος προβλήματι,
Σφίγγ' ὠμόσιτον προςμεμηχανευμένην
Γόμφοις ἐνώμα, λαμπρὸν ἔκκρουστον δέμας·
Φέρει δ' ὑφ' αὑτῇ Φῶτα Καδμείων ἕνα,
Ὡς πλεῖστ' ἐπ' ἀνδρὶ τῷδ' ἰάπτεσθαι βέλη.
Ἐλθὼν δ' ἔοικεν οὐ καπηλεύσειν μάχην,
Μακρᾶς κελεύθου δ' οὐ καταισχυνεῖν πόρον
Παρθενοπαῖος Ἀρκάς· ὁ δὲ τοιόςδ' ἀνὴρ,
Μέτοικος, Ἄργει δ' ἐκτίνων καλὰς τροφὰς
Πύργοις ἀπειλεῖ τοῖςδ', ἃ μὴ κραίνοι θεός......
Ἕκτον λέγοιμ' ἂν ἄνδρα σωφρονέστατον
Ἀλκήν τ' ἄριστον, μάντιν, Ἀμφιάρεω βίαν.
Ὁμολωΐσιν δὲ πρὸς πύλαις τεταγμένος
Κακοῖσι βάζει πολλὰ Τυδέως βίαν,
Τὸν ἀνδροφόντην, τὸν πόλεως ταράκτορα,
Μέγιστον Ἄργει τῶν κακῶν διδάσκαλον,
Ἐριννύος κλητῆρα, πρόςπολον Φόνου,
Κακῶν τ' Ἀδράστῳ τῶνδε βουλευτήριον·
Καὶ τὸν σὸν αὖθις πρόςμορον ἐς ἀδελφὸν
Ἐξυπτιάζων ὄμμα, Πολυνείκους βίαν,
Δίς τ' ἐν τελευτῇ τοὔνομ' ἐνδατούμενος,
Καλεῖ, λέγει δὲ τοῦτ' ἔπος διὰ στόμα·
Ἦ τοῖον ἔργον καὶ θεοῖσι προςφιλὲς
Καλόν τ' ἀκοῦσαι, καὶ λέγειν μεθυστέροις,
Πόλιν πατρῴαν καὶ θεοὺς τοὺς ἐγγενεῖς

Πορθεῖν, στράτευμ' ἄτακτον ἐμβεβληκότα.
Μητρὸς δὲ πηγή τις κατασθέσει δίκην;
Πατρίς τε γαῖα σῆς ὑπὸ σπουδῆς δορὶ
Ἁλοῦσα πῶς σοι ξύμμαχος γενήσεται;
Ἔγωγε μὲν δὴ τήνδε πιανῶ πλάκα,
Μάντις κεκευθὼς πολεμίας ὑπὸ χθονός.
Μαχώμεθ', οὐκ ἄτιμον ἐλπίζω μόρον.
Τοιαῦθ' ὁ μάντις, ἀσπίδ' εὔκηλον νέμων
Πάγχαλκον, ηὔδα. Σῆμα δ'οὐκ ἐπῆν κύκλῳ
Οὐ γὰρ δοκεῖν ἄριστος, ἀλλ' εἶναι θέλει,
Βαθεῖαν ἄλοκα δὴ Φρενὸς καρπούμενος,
Ἐξ ἧς τὰ κεδνὰ βλαστάνει βουλεύματα.
Τούτῳ σοφούς τε κἀγαθοὺς ἀντηρέτας
Πέμπειν ἐπαινῶ. Δεινὸς ὃς θεοὺς σέβει......
Τὸν ἕβδομον δὴ τόνδ' ἐφ' ἑβδόμαις πύλαις
Λέξω, τὸν αὐτοῦ σοῦ κασίγνητον, πόλει
Οἵας γ'ἀρᾶται καὶ κατεύχεται τύχας.
Πύργοις ἐπεμβὰς κἀπικηρυχθεὶς χθονί,
Ἁλώσιμον παιᾶν' ἐπεξιακχάσας,
Σοὶ ξυμφέρεσθαι καὶ κτανὼν θανεῖν πέλας,
Ἢ ζῶντ' ἀτιμαστῆρα τὼς σ' ἀνδρηλάτην
Φυγῇ τὸν αὐτὸν τόνδε τίσασθαι τρόπον.
Τοιαῦτ' ἀϋτεῖ, καὶ θεοὺς γενεθλίους
Καλεῖ πατρῴας γῆς, ἐποπτῆρας λιτῶν
Τῶν ὧν γενέσθαι πάγχυ Πολυνείκους βία.
Ἔχει δὲ καινοπηγὲς εὔθετον σάκος,
Διπλοῦν τε σῆμα προσμεμηχανευμένον.

Χρυ-

AANTEEKENINGEN.

Χρυσήλατον γὰρ ἄνδρα τευχηστὴν ἰδεῖν
Ἄγει γυνή τις σωφρόνως ἡγουμένη·
Δίκη δ' ἄρ' εἶναι φησιν, ὡς τὰ γράμματα
Λέγει. ΚΑΤΑ΄ΞΩ Τ' ΑΝΔΡΑ ΤΟ΄ΝΔΕ, ΚΑΙ΄ ΠΟ΄ΛΙΝ
Έ΄ΞΕΙ, ΠΑΤΡΩ΄ΩΝ ΔΩΜΑ΄ΤΩΝ Τ' ΈΠΙΣΤΡΟΦΑ΄Σ.
Τοιαῦτ' ἐκείνων ἐστὶ τἀξευρήματα.
Σὺ δ' αὐτὸς ἤδη γνῶθι τίνα πέμπειν δοκεῖς.
Ὡς οὔποτ' ἀνδρὶ τῷδε κηρυκευμάτων
Μέμψει, σὺ δ' αὐτὸς γνῶθι ναυκληρεῖν πόλιν.

Hetwelk ik dus heb trachten uit te drukken:

„ Ik kom, van 's vijands ftand op 't zekerfte bewust.
'k Zag rondom onze vest zijn Hoofden, uitgerust
In vollen wapendosch, en voor de poorten ftaande,
Hun door het lot beftemd: eerst woesten Tydeus, gaande
Met fchrikverwekbren ftap naar de oevers van Ismeen
En Pretus poort; terwijl des vroomen wichlaars reên
Noch onheilfpellingen zijn woede doen bedaren.
Want, heet van ongeduld naar 't tarten van gevaren,
En razende van dorst naar ftroomend krijgrenbloed,
Durft hij Oïcleus zoon gebrek aan mannenmoed
Verwijten, en roept uit, dat vrees voor 't bloedig kampen
Alleen de voorbô is van naderende rampen.
Dit fchreeuwt hij, met een ftem die door den hemel loeit,
Als 't grommen van een draak, door 't middagvuur gefchroeid.
Hij gaat, en fchudt den helm, wiens breede en zwarte veêren
Naar 't golven van den wind zich heen en weder keeren,
Terwijl een helle klank van onder 't fchild ontftaat,
Van brokken fchel metaal, waartegen 't koper flaat.

Met een vertoont hij 't fchild, dat, kunstig uitgehouwen,
Het ftargewelf verbeeldt. Men ziet er 't luchtruim blaauwen,
De fterren glinstren aan de vlakke hemelbaan,
En midden in hun glans den zilvren bol der maan
Uitblinken. Van zijn trots op 't prachtig wapen dronken,
Trapt hij op d'oever van d'Ismenus, en fchiet vonken
Van krijgsvuur uit het oog, in rusteloozen moed:
Gelijk het jeugdig ros, dat in zijn teugel woedt,
En, brandend van de zucht ten aanval uit te breken,
Het blij geluid verbeidt van 't daavrend oorlogsteeken.
Wie gaat met dezen held den fellen kampftrijd aan?
Wie durft voor Pretus poort als haar befchermer ftaan?......
Maar fchrikkelijker held ftapt tegen Thebes wallen,
Beftemd Electraas poort in 't ftormen te overvallen.
't Is dolle Capaneus, die mensch- noch Godheid eert,
En in zijn lastertaal des hemels wraak braveert.
Hij zweert: zijn krachtige arm zal onzen muur verpletten,
Offchoon zich tegen hem de Goden-zelf verzetten,
En Jupiter in toorn zijn woede ging te keer.
Ja, viel het blikfemvuur voor zijne voeten neêr,
Hij achtte 't als den gloed van heete zomerdagen.
Maar op het kostlijk fchild, met zwier vooruit gedragen,
Voorfpelt een naakte reus, wiens vuist een toorts bevat,
In gouden letteren: VERDELGING AAN DE STAD.
Wie onzer zal den trots van 't Godonteerend fpreken
Op d'onverfchrokken kop van dien ontzinde wreken?......
De derde, door het lot voor Neïs poort geplaatst,
Is fiere Eteoclus, wiens rosfenfpan reeds raast

En

En worstlend rondspringt met de teugels die hen klemmen.
Men ziet den kalmen held hun ongeduld betemmen,
Terwijl ze, in de ijdle drift, ter stadspoort heen te spoên,
Hun vuurgen adem in den omtrek zuizen doen,
En 't blanke schuim op aarde en eigen boezem spatten.
'k Zag ook zijn vasten arm den zwaren beuklaar vatten,
Wiens oppervlakte 't beeld eens forschen krijgsmans draagt,
Die langs een ladder klimt, door 's vijands vest geschraagd.
Zijn houding reeds baart vrees. Hij schreeuwt den steedling tegen,
Dat Mars-zelf van den muur, ééns door zijn voet bestegen,
Hem niet verdrijven zal. Dus luidt het opschrift, dat
Zijn schittrend schild omgeeft: dit dreigt hij onze stad.
Ook hier, hier wordt een arm, in d'oorlog hoogst ervaren,
Vereischt, om Thebes vest een droeven val te sparen......
Maar verder voor de poort, die Pallas tempel hoedt,
Vertoont Hippomedon, rondzwevende als verwoed,
Zijn reuzige gestalte, en heft een schild naar boven,
Wiens aanzien reeds vermag den heetsten moed te doven,
Het is geen grootspraak, wat ik meld. Dees beukelaar
(Onovertrefbaar werk van d'eêlsten kunstenaar)
Verbeeldt een Typho, met wiens adem, dikke wolken
Van dampen, uit zijn mond, als uit verpeste kolken
Gestegen, en een vlam, die in hun midden brandt,
Zich wentlen naar om hoog, terwijl de breede rand
Een schrikbren kring bevat van kronkelende slangen,
Gestrengeld om elkaâr. Maar zinloos van verlangen,
Met oogen, waar de gloed van 't kokend hart in blaakt,
Dat louter moordzucht aâmt, en naar vernieling haakt,

Doet

AANTEEKENINGEN.

Doet hij de lucht alom weêrgalmen van zijn kreten,
Een priesterin gelijk, door Bacchus geest bezeten.
Wie zal de bange ftad befchermen tegen hem,
Die reeds haar fiddren doet door de enkle kracht der ftem?....
Hij, die de poort bedreigt nabij die eenzame oorden
Waar wijze Amphion rust, barst meê in lasterwoorden
En woesten grootfpraak uit. Dees zweert bij 't fcherpe zwaard,
Hem heilger dan een God, en meer dan 't leven waard,
Dat Cadmus oude ftad, ten spijt der Hemelmachten,
Haar ondergang van hem op 't zekerst heeft te wachten.
Zoo roemt een jonge held, de kindschheid pas ontgroeid,
Wiens frisfche en fchoone wang in 't eerste dons nog bloeit,
Parthenopéus, wien een jachtnimf op de dreven
Van 't blijde Arcadië het aanzijn heeft gegeven.
Hij voert een ftalen hart in 't rijzig lichaam om;
Zijn oog blikt wreedheid, bij zoo teêr een ouderdom.
Maar op het koopren vlak, befcherming van zijn leden,
Zijn door de hand der kunst twee beelden uitgefneden,
Herinnering van fmaad en jamm'ren, in dees vest
Geleden. 't Is een Sphinx, de fchrik van dit gewest,
Aan wier gekromde klaauw een Theber fchijnt te hangen
Die op 't metalen lijf de fchichten zal ontfangen.
Hij gordt niet vruchteloos 't vernielend krijgstuig aan,
Noch heeft van Argos rijk zoo groot een weg gedaan,
Om van een lang beleg met fchande weêr te keeren.
Hij durft beloven (dat de Goden 't onheil weeren!)
Dat hij, de zorg ter loon, beproefd in Argos wal,
Met Thebes rijke buit haar dra verfieren zal......

Bij

AANTEEKENINGEN.

Bij Homoloüs poort zal vroomer krijgsman strijden,
De wichlaar voor wiens oog 't geheim van later tijden
Zich opent, en wiens moed zijn wijsheid evenaart.
Hij barst op Tydeus, voor zijn woeden onvervaard,
In bitfe woorden uit, en fchreeuwt hem toornig tegen,
Dat hij, wiens gantfche heil in d'oorlog is gelegen,
Wiens moordend ftaal zich nooit van menfchenbloed verzaadt,
Die ſteeds tot misdrijf fpoort met zijn vervloekten raad,
Ook thans Adrastus hart door valfche taal mocht winnen
En tot den krijg bewoog: de ftraf der Wraakgodinnen,
Die licht het leger treft, wijte Argos hem alleen!
Maar tot uw broeder wendt hij dus zijn fombre reên,
Zijn naam herhalend met een zucht: „ Gij hebt den zegen
„ Der Goden voor dees tocht ontwijfelbaar verkregen,
„ En onvergankbre roem wacht u bij 't nageflacht,
„ Wiens onberaden toorn een vreemde legermacht
„ Dorst waapnen tegen 't land, wiens fchoot uw eerste dagen
„ Gekoesterd heeft. Wat ftraf moet niet de fnoodaart dragen,
„ Die aan eens moeders lijf een gruwbre hand durft flaan?
„ En gij, gij randt uw ftad in 't dwaas vertrouwen aan,
„ Dat ze u, die haar verriedt, niet eindeloos zal haten!
„ Voor mij, ik vlieg ten ftrijd, en wacht mijn lot, gelaten,
„ Schoon de aard, die 'k thans betreed, weldra mijn graf zal zijn.
„ Men vreest geen fterven met een hart, gelijk het mijn'!"
Hij fpreekt en fchudt het fchild, waarop geen beelden fchittren,
Noch woorden, die den haat door ijdlen trots verbittren.
Hem leert het vruchtbre brein, waar immer wijsheid bloeit,
En 't van gepasten raad en deugden overvloeit,

F 4   On-

AANTEEKENINGEN.

Onwankelbaren moed met zedigheid te paren.
Om tegen dezen held den ingang te bewaren,
Wordt vroomheid van gemoed vereischt bij leeuwenkracht.
Want vreesfelijk is hij, die deugd en Godsdienst acht.....
Maar voor de laatste poort, ftaat, razende op dees wallen,
Uw eigen broeder, Vorst! gereed haar aan te vallen,
En boezemt in een kreet den wensch der wraakzucht uit.
Verwinnaar van dees vest, door 't fchaterend geluid
Der zegezangen van zijn krijgsvolk reeds gehuldigd
Als meester van een rijk, hem zedert lang verfchuldigd,
Hoopt hij u-zelv' in 't end te ontmoeten op den wal,
Door u verflagen u te fleepen in zijn val;
Of, doet ook daar het zwaard hem overwinnaar blijven,
U juichend op zijn beurt in ballingfchap te drijven,
Met al den fmaad belaân, eens door hem-zelv' geleên,
Hiertoe ftort hij den Goôn onafgebroken beên.
Zoo woedt hij, en treedt voort. Men hoort het koper klinken,
Op wiens bewerkten grond twee gouden beelden blinken,
Een jonge vrouw, wier hand eens krijgsmans fchreên geleidt,
Ten ftrijde toegerust, verbeeldt Rechtvaardigheid,
En fchijnt het randfchrift van den beuklaar uit te fpreken:
IK-ZELV, IK VOER HEM WEÊR IN DE OUDERLIJKE STREKEN,
DEES DAG IS 'T DIE HEM STAD EN KROON HERWINNEN ZAL.
Zoo fchaart zich om den muur het Vorstlijk zevental.
Ik heb mijn last volbracht. U is de zorg gelaten
De ramp te keeren van uw kwijnende onderzaten!"

Bladz.

AANTEEKENINGEN.

Bladz. 16. v. 5.

HIER STORT OP AJAX GROND, OMSINGELD VAN DE GOLVEN.

Salamis, een eiland tegen over Athene gelegen, waarop Telamo, de vader van Ajax, regeerde, en deze laatste zelf geboren was.

Bladz. 18. v. 6.

ONS HAD EEN VLUCHTELING VAN UIT HET HEIR DER GRIEKEN, enz.

Deze list had Themistocles bedacht om de Perzen op een voor hun nadeeligen plek tot den ſtrijd te lokken. Omſtandig kan men dit alles bij Herodotus verhaald vinden, VIII B.

Bladz. 22. v. 5 en volg.

NIET VER VAN SALAMIS, enz.

Pſyttalia werd dit eiland genoemd, alwaar Xerxes vierhonderd man deed post vatten tot het doel bij onzen dichter vermeld.

Bladz. 22. v. 6 van ond. en volg.

ZIJ ZOEKEN IN DIEN NOOD NOG WEDERSTAND TE BIÊN, enz.

Het oorſpronkelijke heeft: ἀμφὶ δὲ Ἐκυκλοῦντο πᾶσαν νῆσον, ὥςτ' ἀμηχανεῖν Ὅποι τράποιντο. Πολλὰ μὲν γὰρ ἐκ χερῶν Πέτρησιν ἡράσσοντο, τοξικῆς τ' ἀπὸ Θώμιγγος ἰοὶ προςπίτνοντες ὤλλυσαν· Τέλος δ'ἐφορμηθέντες ἐξ ἑνὸς ῥόθου Παίουσι, κρεοκοποῦσι δυστήνων μέλη κ. τ. ε. welke woorden ik zie dat men anders pleegt op te vatten, dan ik gedaan heb. Men begrijpt het namelijk als of de Grieken de op Pſyttalia geplaatste manſchap aangevallen waren: om geene andere reden, naar mijn oordeel, dan om dat bij het even voorgaande ἀμηχανεῖν noodzakelijk de Perzen moeten verſtaan worden, en men daarom om dezelfden ook tot het fubject van ἠράσσοντο wil maken. Doch hoe licht deze plotfelijke verwisfelingen van fubject in het Grieksch plaats vinden, behoeft, dunkt mij, geen betoog. In de aangehaalde woorden doet zich reeds een voorbeeld op van foortgelijke verwisfeling: ἀμφὶ δὲ ἐκυκλοῦντο (Ἕλληνες klaarblijkelijk) πᾶσαν νῆσον, ὥςτ' ἀμηχανεῖν (τοὺς Πέρσας hier noodzakelijk) ὅποι τράποιντο. Daar nu beide uitleggingen Grammatisch aannemelijk zijn, zoo verdient die den voorkeur, welke in andere opzichten waarfchijnlijker is. Het komt voorzeker minder natuurlijk voor, dat de dichter mannen, van wier dapperheid hij bijzonder gewaagd heeft, doe omkomen, zonder van eenigen tegenftand melding te maken. Maar het geen voor mijne uitlegging gunftigft fchijnt te zijn, is het vermelden hier ter plaatfe van pijlen, een wapen, dat den Perzen eigen is, en waardoor zij dikwijls van de Grieken onderfcheiden worden. Een belangrijk voorbeeld hiervan doet zich in dit Treurfpel zelf op, aan het einde van het Eerfte Tooneel, alwaar de Rei zich aldus uitdrukt: Φροντίδα κεδνὴν καὶ βαθύβουλον Θώμεθα, —— Πότερον τόξου ῥῦμα τὸ νικῶν, Ἢ δορυκράνου Λόγχης ἰσχὺς κεκράτηκεν. Letterlijk: *Laten wij de vereischte zorg nemen, (op dat wij te weten komen) wat overwonnen heeft, het fchieten met den boog, of de ijzeren punt van de lans:* dat is: *wie verwinnaars zijn gebleven, de Perzianen of de Grieken.* Sterker nog ten onzen voordeele is de plaats van het Tweede Tooneel, alwaar het gebruik van pijlen bij de Grieken uitdrukkelijk ontkend wordt. Op de vraag van Atosfa:

Πότερα γὰρ τοξουλκὸς αἰχμὴ διὰ χερὸς γ' αὐτοῖς πρέπει;

(En zijn hun fchutters vlug met pijl en fchietgeweer?).

wordt

wordt door de Rei geantwoord:

Ὀυδαμῶς· ἔγχη σταδαῖα, καὶ Φεράσπιδες σαγαί.

(Zij ftrijden met geen boog, maar met den vasten fpeer.)

Bladz. 24. v. 2.

EN WAAR SPERCHÉUS 'T VELD MET VRUCHTBRE STROOMEN DRENKT.

Sperchéus, een rivier die aan den berg Eta in Thesfalië zijn oorfprong heeft.

Bladz. 24. v. 6. enz.

WIJ, DOOR MAGNEZIË EN HET MACEDONISCH RIJK
BIJ AXIUS RIVIER EN BOLBES RIETIG SLIJK
TOT AAN PANGÉUS BERG IN 'T EIND GEVORDERD, SPOEDDEN
NAAR 'T NAADREND THRACIË, WANNEER 'T ONTIJDIG WOEDEN
DES WINTERS ONS DEN STROOM DES ZILVREN STRYMONS SLOOT.

Magnezië, een gedeelte van Thesfalië; Axius, een rivier in Macedonië; Bolbe, een moeras in Mygdonië, zijnde dat gedeelte van Macedonië, hetwelk even als de berg Pangéus naast aan Thracië grenst. De rivier Strymon fcheidt Macedonië van Thracië af.

Bladz. 25. v. 1. van ond.

O MACHTIGE OPPERVORST DER GOÔN!

Ὦ Ζεῦ βασιλεῦ, *o koning Jupiter!* zegt het oorfpronklijke uitdrukkelijk. En zoo ook doet het in den geheelen loop van het ftuk de Griekfche Goden door de Perzianen inroepen. Men begrijpt dat dit eene bloote dichterlijke vrijheid is, ten einde de voorftelling voor den Atheenfchen aanfchouwer duidelijker te maken. Het is immers bekend dat de Perzen de Zon onder den naam van Mithras aanbaden. Op deze dichterlijke verfiering echter fteunt een groot gedeelte van de zedeleer van dit Treurfpel.

Bladz. 27. v. 4, 5, en 6.
EN 'T SPOOR DOEN VOLGEN VAN UW' VADER,
DIE, HELD EN VREEDZAAM VORST TE GADER,
ZIJN VOLKEN NIET DAN WELDAÅN WROCHT.

Darius zelf echter was niet veel gelukkiger geweest in zijne onderneming tegen de Grieken. Maar het is in het karakter van eenen lierzang, in deze gefteltenis aangeheven, vorige rampen voor nietsbeduidende te rekenen bij die, welke men op het oogenblik zelf betreurt, en dus eenen Vorst, die dan toch ook in vele opzichten zijnen zoon verre overtrof, in tegenftelling van de verwijten die deze laatste verdiende, met loftuitingen hemelhoog te verheffen.

Bladz. 27. v. 7 van ond.
OP CYCHREUS HEILIG STRAND GEDOOD.

Cychreus ftrand, wederom eene benaming van het eiland Salamis naar een' harer Koningen, Cychreus, een' zoon van Neptunus, en behuwdvader van Telamo, die hem in de regeering opvolgde.

Bladz. 30. v. 13.
GIJ, DIE DE DOÔN IN PLUTOOS RIJK VERGAÅRT!

Mercurius, die geloofd werd de zielen der afgeftorvenen naar Carons boot te leiden, waarmede zij dan de Styx overvoeren.

Bladz. 36. v. 2.
BACTRIË VERLOOR DE HOOP ZELFS VAN HET VOLGENDE GESLACHT.

Bactrië, een aanmerkelijk gedeelte van het Perzifche gebied.

Bladz. 36. v. 5. van ond. en volg.

TOEN GE EEN GRUWELIJKEN BAND OM DE HELLESPONTSCHE GOLVEN, ALS HUN MEESTER, DURFDE SLAAN; TOEN GE EEN GOD WAAGDE AAN TE RANDEN, enz.

Men verſta dit zoo wel van de fchipbrug over den Hellespont, waarvan wij reeds boven gezien hebben, als van den dwazen trek dien de Grieken van Xerxes verhalen, en waarvan Herodotus † dus gewag maakt: καὶ δὴ ἐζευγμένου τοῦ πόρου, ἐπιγενόμενος χειμὼν μέγας, συνέκοψέ τε ἐκεῖνα πάντα καὶ διέλυσε. Ὡς δ' ἐπύθετο Ξέρξης, δεινὰ ποιεύμενος, τὸν Ἑλλήσποντον ἐκέλευσε τριηκοσίας ἐπικέσθαι μάστιγι πληγάς, καὶ κατεῖναι ἐς τὸ πέλαγος πεδέων ζεῦγος. dat is: *En de zee reeds geſloten zijnde, kwam er een geweldige ſtorm op, die de ſchepen uit elkander dreef. Xerxes dit vernemende, nam het euvel op, en beval dat men den Hellespont driehonderd zweepſlagen zoude geven, en een paar ketenen in die zee werpen.*

Bladz. 37. v. 15 en 16.

'T WAS EEN MEED DIE 'T EERST DEES STREKEN VOOR ZIJN SCEPTER KNIELEN DEED.

Astyages bedoelt de dichter, Cyrus grootvader, wien zijn zoon Cyaxares opvolgde en zelf door Cyrus in het gebied vervangen werd. Het verhaal van Eschylus komt echter hierin met dat van de geſchiedſchrijvers geenszins overeen.

Bladz. 38. v. 2 en 3.

NAAUW MEESTER VAN DEES STATEN VERLOOR ZIJN ZOON HET LICHT.

Cambyzes, Cyrus zoon, is in zijne terugkomst van een gelukkig

† L. VII. c. 34 et 35.

kig ten end gebrachten tocht tegen de Egyptenaren omgekomen, terwijl bij zijn leven reeds een priester gebruik gemaakt had van zijne afwezigheid, om zich voor 's Konings broeder Smerdis, door dezen in vroeger tijd omgebracht, uit te geven, en alzoo den troon meester te worden. Eenige Grooten van Perzië, tegen den overweldiger zamengezworen, beroofden hem van het leven, en lieten vervolgens aan het lot ter beflisfing over, wie van hun de regeering aanvaarden zou. Op deze wijze geraakte Darius tot het koninklijk bewind.

Bladz. 39. v. 3.
NOG IS ONS VOOR 'T MINST EEN LEGER BIJGEBLEVEN.

Dat namelijk, waarover Mardonius het bevel voerde, doch hetwelk kort daarna bij Platéa in Beotië een volkomene nederlaag onderging.

Bladz. 39. v. 14 en volg.
HUN DOLLE PLONDERZUCHT TOT EEN GERECHTE STRAF,
WIER HAND ZICH NIET ONTZAG DE GODGEWIJDE ALTAREN
EN 'T BEELD DER GODEN IN HUN WOEDE NIET TE SPAREN,
MAAR HEEL DEN TEMPELRAAD TE ROOVEN, enz.

Bij de inrukking van Xerxes in Griekenland hadden de Atheners op gedurige aanfporing van Themistocles beflotenhunne ftad te verlaten, en zich op de vloot ingefcheept, de grijzaarts met een gering getal burgers in de vesting latende, hunne vrouwen en kinderen in naburige fteden. Xerxes de Thermopijlen doorgekomen en in Attica gevallen zijnde, maakte zich weldra van Athene meester. De ftad werd uitgeplonderd en verbrand, en zelfs de tempels bleven niet gefpaard.

AANTEEKENINGEN.

Bladz. 40. v. 4, 5, en 6.

HET NAGESLACHT ZAL LEEREN,
WANNEER 'T DEN MOORD VERNEEMT VAN DIEN VERSCHRIKBREN DAG,
DAT ZICH GEEN STERVELING TE STOUT VERHEFFEN MAG.

In deze geheele rede van Darius wordt voornamelijk de zedeleer van het gantfche ftuk aan den dag gelegd. Den Perzen wordt hier door den geest zelven van hunnen overledenen Koning aangekondigd, dat zij aan Xerxes overdrevene heerschzucht, aan de oneerbiedigheid jegens Neptunus, en de heiligfchennis te Athene gepleegd, alle hunne tegenwoordige rampen te danken hebben.

Bladz. 42. v. 14.

NIET BUITEN HALYS BREEDEN VLOED.

Halys, eene rivier in klein Azië, aan de grenzen van Lydïë.

Bladz. 42. v. 22 en 23.

EN DIE PROPONTIS ZEE OMZOOMEN,

EN PONTUS ONHERBERGZAAM STRAND.

Propontis, thans de zee van Marmara genoemd. Pontus, of Pontus Euxinus, is de tegenwoordige Zwarte Zee.

Bladz. 42. v. 1 van ond. en volg.

OOK DE EILANDEN, OM WIE DE GOLVEN KLOTSEN,

DOOR EGEUS VAL BEROEMD, BESTIERDEN ZIJN GEBOÔN:

Egeus, Koning van Athene, wiens zoon Thefeus den tocht tegen den Minotaurus in Crete had ondernomen, met belofte, bij eene gelukkige te rug komst witte zeilen te zullen fpannen, maar deze belofte vergetende, met zwarte zeilen was te rug gekomen, had zich uit wanhoop over de ramp, die hij vermeende dat hem door dit teeken aangekondigd werd, in de

zee

zee geworpen, die thans de Archipel genoemd wordt, en die in oude tijden daarvan den naam kreeg van Egeïfche Zee.

Bladz. 43. v. 9, 10, en 11.
EN TEMNUS, RHODUS, GNIDUS, WAAR
DE MINGODIN OP 'T STERKST WORDT AANGEBEDEN;
EN PAPHUS, SOLUS, CYPRUS GLANS.

Λῆμνον (LEMNON) leest men in het oorfpronklijke. De vermelding van Lemnus echter heeft mij hier ter plaatze altijd gehinderd, daar de dichter de eilanden van de Egeïfche Zee, die ten tijde van Darius onder het gebied van Perzië ftonden, reeds opgenoemd heeft, en thans, gelijk het mij toefchijnt uit den zin duidelijk te blijken, vóór heeft van eenige van die fteden te gewagen, welke door de Perzianen op het vaste land buiten hun rijk of afzonderlijk op eilanden bezeten werden. Het komt mij dus waarfchijnlijk voor dat hier met eene ligte verandering voor Λῆμνον (LEMNON) Τῆμνον (TEMNON) moet gelezen worden. Temnus vindt men onder de Eölifche fteden genoemd bij Herodotus, Boek I. Hoofdft. 149. Ik heb dienvolgens gemeend dat het mij vrijftond deze lezing in eene dichterlijke overbrenging aan te nemen, fchoon ik het niet op mij zou nemen den Griekfchen text zelven naar mijne gisfing te veranderen. Verders meen ik, ingevolge mijne uitlegging, dat door Rhodus hier niet het geheele eiland, maar de ftad van dien naam verftaan moet worden. Men ziet dat de dichter in het vervolg ook niet dan van enkele fteden gewag maakt. Gnidus is eene Dorifche ftad in klein Azië, Paphus en Solus zijn fteden op het eiland Cyprus gelegen.

Bladz.

AANTEEKENINGEN.

Bladz. 43. v. 12 en volg.

EN GIJ, O SALAMIS! DIE 'T AANZIJN HEBT GEKREGEN
VAN 'T PLEKJEN, WAAR DE GRIEKSCHE LANS
HET HEIR DER PERZEN HEEFT DOORREGEN.

Dit Salamis is insgelijks eene ftad van het eiland Cyprus. Teucer, zoon van Telamo, na zijne te rug komst van den tocht tegen Troje door zijnen vader verbannen, om dat hij de dood van zijn' halven broeder Ajax, die zich uit wanhoop, Achilles wapenen tegen Ulysfes verloren te hebben, zelf van kant geholpen had, op dezen laatste niet gewroken had, zette zich op Cyprus neder, en ftichtte daar eene ftad, die hij ter geheugenis van zijn geboorteftad den naam van Salamis gaf.

Bladz. 49. v. 1 en volg.

HERINNERING AAN BETER TIJDEN! enz.

Van dezen laatsten Koorzang van het laatste Tooneel (het welk ik over het algemeen met meer dan gewone vrijheid, ja, met verplaatfing en uitlating van een aantal verzen heb overgebracht) heeft het oorfpronkelijke volftrekt niets. Het ftuk eindigt daar met een vrij langdurige afwisfeling van afgebroken klachten en uitroepingen tusfchen Xerxes en de Rei, iets, het welk niet alleen van onzen fmaak allervreemdst is, maar bij de Grieken-zelve, naar alle waarfchijnlijkheid, door de muziek alleen verlevendigd en opgehouden werd. Dit, hoop ik, zal mij ter verfchooning dienen, dat ik het gewaagd heb achter eene overbrenging van Eschylus eene plaats aan mijne eigene verzen in te ruimen.

E I N D E.

PROMETHEUS.

PROMETHEUS,

NAAR HET GRIEKSCH VAN

ESCHYLUS

GEVOLGD

DOOR

Mr. I. DA COSTA.

Te AMSTERDAM, bij
P. DEN HENGST EN ZOON.
MDCCCXX.

VOORREDE.

Even als de navolging der PERZEN *van* ESCHYLUS, *die nu ruim drie jaren geleden in het licht verscheen, zoo is ook deze van het meesterstuk van denzelfden dichter haren oorsprong verschuldigd aan den bijzonderen smaak, dien ik voor mij in zijne poëzy boven die der twee andere Grieksche Treurspeldichters altoos gevonden heb. Dikwijls heeft de onbeschrijflijke aandoening, die mij zijne verzen veroorzaken, mijne verbeelding zoodanig opgewekt, dat ik mij niet wederhouden kon, den dichter, zoo als ik hem bevatte, in Nederduitsche dichtmaat uit te drukken; en alzoo ontstond dan weder, zonder eenig bepaald voornemen en bijna ongevoelig, uit de bewerking van eenige enkele tooneelen deze overbrenging van den geheelen* PROMETHEUS, *die ik wensche dat aan hem, die het oorspronkelijke kent, niet onbehagelijk zijn* moge, en aan die het niet kent er eenig denkbeeld van zal kunnen geven. Intusschen is er voor den laatsten wellicht eenige voorbereiding noodig tot het ware verstand van een Grieksch tooneelstuk, en voornamelijk van dit. Men houde mij dan eenige weinige aanmerkingen ten goede, die ik hier te dien einde laat voorafgaan.

In de eerste plaats herinner ik den lezer aan den oorsprong van de Grieksche Tragedie. Een dithyrambe ter eere van Bacchus, zie daar de kern, waar zich een der fraaiste planten van den dichterlijken hof uit ontwikkelen moest. De lof van Goden en halve Goden, eerst in een onafgebroken zang aangeheven, vervolgens doorweven met verhalen van hunne weldaden en heldenwerken, die eindelijk door afwisselende personaadjes of bezongen of zelfs voorgesteld werden, werd weldra het meer algemeene onderwerp dezer dithyramben, waaruit ESCHYLUS vernuft een afzonderlijk soort van poëzy gevormd heeft. Zijne stukken, nog in den hoogdravenden stijl der lierzang geschreven, hadden eigenlijk slechts eene belangrijke omstandigdigheid van eenig God of held ten onderwerp, en deze omstandigheid stelde hij, door de personen die er deel aan hadden zelve te doen spreken, en onder de illusie van de door hem ingevoerde tooneelpraal, aan het gezicht zoo wel als aan het gehoor van den aanschouwer levendig voor. Nu was het Treurspel geboren en tot een bloeiende jongelingschap opgekweekt. SOPHOCLES volgde en volmaakte het werk. Bij hem werd het Treurspel de dichterlijke ontwikkeling van eene door het Noodlot voorbeschikte gewichtige gebeurtenis; en nu had de Grieksche Tragedie ook haar tijdperk van mannelijke rijpheid gehad. Voor EURIPIDES, die deze twee groote mannen opvolgde, bleef niets meer overig dan het tijdvak des ouderdoms van het tooneel te vervullen!

Maar keeren wij tot ESCHYLUS, met wien alleen wij hier eigenlijk noodig hebben, te rug. Om zijne stukken, en inzonderheid zijnen PROMETHEUS wel te vatten, moeten wij ons allereerst in een wereld van Goden verplaatsen! Maar van Goden, even als het menschdom, aan den wil ondergeschikt van een Oppermachtig Noodlot, Noodzakelijkheid, Voorbestemming, of zoo men het noemen wil, dat bij de Ouden de plaats verving van het aan ieder mensch en bijzonder aan den dichter zoo dierbaar denkbeeld eener alles bepalende Voorzienigheid. Doch misschien heeft dit nadere opheldering van nooden. Eene korte beschouwing van ons dichtstuk zal die opheldering misschien kunnen geven, terwijl ze tevens tot het betere begrip van het stuk zelf niet ondienstig zijn zal.

Volgens onzen dichter dan regeert het Noodlot over hemel en aarde: doch niet onmiddelijk, maar door tusschenkomst van de zoogenaamde Olympische Goden, aan wier hoofd allereerst de God Uranus gestaan heeft. Dezen verjoegen zijne zonen, de Titans, waar onder Cronus (of Saturnus), die hem hem in het gebied opvolgde. Jupiter, Cronus zoon, bijgestaan door Prometheus en andere Goden en halve Goden, berooft op zijne beurt zijn vader van de hemelkroon, en doet hem met de Titans, die zijne partij gekozen hadden, den Olympus ruimen. Nu gebruikte hij weldra zijne Goddelijke macht, om het menschdom, dat onder Cronus zeer gelukkig geweest was, te vernederen en

te

te kwellen. Prometheus verzet zich tegen dit voornemen, zoo lang hij kan; doch toen het menschdom door de ongenade van Jupiter zoo verre vervallen was, dat er schier geen onderscheid meer tusschen dit en het redelooze dier bestond, bracht hij het vuur der hemelen, dat een Goddelijke bezielingskracht bezat, op de aarde, en herstelde alzoo den mensch tot zijn vroegeren en beteren stand. Nu had hij zich ook den haat van Jupiter en de overige ondergeschikte Goden op den hals gehaald; en, tot straf zijner weldaden aan het menschdom, wordt hij op bevel van Jupiter in het woeste Scythië aan een rots op het strand der zee vastgeklonken, en op allerlei wijzen gefolterd.

Het is hier dat ons dichtstuk eigenlijk een aanvang neemt, niet om den toeschouwer nieuwe gebeurtenissen voor oogen te brengen, maar eenvoudig om hem den lijdenden held in zijne droevige omstandigheid te leeren kennen, en zijn gedrag en karakter, als twee bij uitstek dichterlijke voorwerpen, in de hoogere taal der poëzy af te schilderen: en dit, door hem zelven sprekende in te voeren, en in tegenstelling te brengen met de overige personen van het dichtstuk, die om hém, en om hem alléén, ten tooneele gevoerd worden. Men verwachte dus hier geene eigenlijk gezegde daad, gelijk SOPHOCLES die naderhand tot het wezen der Tragedie gemaakt heeft, en gelijk zij op het hedendaagsche tooneel een hoofdvereischte uitmaakt. PROMETHEUS IN ZIJNE KLUISTERS: zoo luidt de Grieksche titel, en belooft dus geene voorstelling van een daad of gebeurtenis, maar alleen van het op zich zelf beschouwde uitwerksel van vroegere gebeurtenissen. Een lofzang op de tegen alle geweld onwrikbare braafheid en het innige vertrouwen op een hooger Macht, in een wezen, dat de menschelijke natuur wel te boven, maar niet te buiten gaat, en dat ons alzoo te gelijk verheffen en belang inboezemen kan, zie daar het eenige doel van den dichter in zijn PROMETHEUS. Laat ons zien op wat wijze hij dit doel bereikt!

Prometheus, zelf van goddelijken oorsprong, acht zich, geheel het stuk door en in al zijn lijden, den gelijke van dien Jupiter, aan wiens vervolging hij nu bloot staat. Hij heeft zelfs

van

van zijne moeder Themis een geheim vernomen, dat Jupiter betreft en voor Jupiter zelven nog verholen is. Dit geheim bestaat daarin, dat, volgens de bestemming van het Noodlot, Jupiter de heerschappij des hemels moet verliezen, wanneer hij met Thetis, eene van Oceaans dochteren, een huwelijk aanging. Want uit dit huwelijk moest een zoon geboren worden, die zijn vader in macht verre zou overtreffen, en hem de kroon der hemelen ontrukken. Dit lot kon Jupiter alleen ontgaan, door zich van dien echt te onthouden. Een van beiden vertrouwt derhalve *Prometheus* dat gebeuren moet (want de zekere en bepaalde kennis welk der twee plaats zal hebben behoort alleen en uitsluitend aan het Noodlot): of Jupiter moet eens den scepter verliezen, en hij alzoo van zelf uit zijne boeien ontslagen worden; of die God moet, om van *Prometheus* het gewichtige geheim en de middelen om zich voor den bedreigden val te hoeden, te vernemen, zijn kluisters breken, en zich voor hem vernederen. In dit vertrouwen, en met de zelfbewustheid van wel gedaan te hebben, trotseert hij alle folteringen en het ver-

schrik-

schrikkelijke uitzicht op de voortduring daarvan
gedurende eeuwen, en heeft hij stellig besloten,
noch zijne verontwaardiging tegen zijnen mach-
tigen vervolger te ontveinzen of te matigen,
noch hem het geheim der toekomst te openbaren,
voor dat hij in zijn vorigen staat hersteld worde,
en voldoening van het geledene ontfange. Om
hem van dit voornemen te rug te brengen zijn
de smerten vruchteloos, die hij op de rots,
waaraan hem de aanschouwer vastgebonden ziet,
ondergaat: vruchteloos de raad en de innemende
taal van een Rei van Zeenimfen, die hem in
zijn leed komt bezoeken. De God des Oceaans
vertoont zich nu ook om hem te bewegen, maar
zijne redenen dienen nergens anders toe, dan
om het mannelijke karakter van Prometheus
tegen de buigzaamheid van het zijne in een zoo
veel te schitterender licht te plaatsen. Aan Iö,
die, mede een offer van Jupiters wreedheid, de
aarde wanhopig en half zinneloos doorzwerft,
en uit wie na dertien geslachten Hercules, de
bestemde verlosser van Prometheus, spruiten
moet, aan Iö, zeg ik, spreekt hij, hoe lijdende
zelf, liefderijken troost toe, en openbaart haar,

ten

ten blijke van zijne zekere kennis der toekomst, het einde van hare jammeren. Tegen Mercurius eindelijk, die hem op een gebiedenden toon de verklaring komt vragen van het orakel, waarmede hij Jupiter bedreigt, toont hij zich met dezelfde waardigheid onverzettelijk in zijn besluit, en wacht met kalmte de vervulling af der verschrikkelijke gebeurtenissen, die hem Jupiters zendeling aankondigt. Met deze vervulling eindigt dan ook het dichtstuk, en, te midden van geweldige aardbevingen en dwarrelwinden, zinkt Prometheus weg, om in het het gebied der hel op een nog wreeder wijze gefolterd te worden.

Dit weinige zij genoeg tot opheldering des zakelijken inhouds van het oorspronkelijk. Ik voeg hier nog een woord bij over mijne navolging, die mij deze reis veel vrijer uitgevallen is, dan mijne vroegere overbrenging der PERZEN. Voor wie zich over deze vrijheid zomtijds verwonderen mocht, merke ik alleen aan, dat het vertalen van een dichter een hoogst ondichterlijk werk zijn zoude, indien men daarbij iets anders zocht, dan de denkbeelden die ons getroffenfen hebben op onze wijze en in eene ons meer eigene taal en dichtmaat weder te geven. En hiermede valt alle opzet, om of het oorspronkelijke getrouw te blijven, of daarvan naar willekeur af te wijken, noodzakelijk weg.

Over het fragment uit den AGAMEMNON, dat ik ter plaatsvulling aan het slot van dit boekdeeltjen geve, heb ik niets verder te zeggen, dan het geen daar ter plaatse kortelijk wordt aangemerkt. Wat eindelijk de Aanteekeningen betreft, deze hebben geen ander doel, dan om den lezer de moeite van nazoekingen omtrent de toespelingen des dichters op het een en ander geschiedkundig of mythologisch feit te besparen.

De Ode op het Treurspel, die wij hier laten volgen, moge als eene soort van hulde aan den oudsten der Treurspeldichteren voor het schoonste zijner werken eenigen ingang kunnen vinden!

HET
TREURSPEL,
ODE.

* * *

Aartsengelin, die aan Gods zij
Gezeten, uw aanbidbre heerschappij
Op ons, vervallen stervelingen,
Als op de reine hemelkringen,
Onwederstaanbaar werken doet!
O Dichtkunst! tolk van God in 't u gewijd gemoed!
Lust het u zoms de blanke Cherubsveêren
Van uit de hoogste hemelsfeeren
Naar onzen stofklomp uit te slaan?
Lust het u zoms in schraler lucht te zweven,
Om met een nieuw, een Godlijk leven
Te zaligen, zoo ver uw wenk kan gaan?

O neen!

O neen! Wat zeg 'k? het ware u honen,
Uw vlucht te lokken naar deze aard!
Hoe zou de hemelklank dier toonen,
Voor de Englen Gods alleen bewaard,
Die klank, waar Zijn volkomenheden
Zich spiegelen in al haar pracht,
Voor dit ons uitgedord beneden
Zich wederscheppen in zijn kracht?
Voor altoos weekt gij van deze aarde,
Met al de weldaân die gij baarde,
Met ware schoonheid, deugd en recht!
En thans! één toon van u, die in verheevner orden
Geheele werelden doet worden,
Deed ons, onheiligen, aan aardsche lust gehecht,
Met heel deze aarde in 't niet, waaruit wij werden, zinken!

Doch o! is 't voor 't minst geen al te stout bestaan
Dien toon, hoe flaauw ook, na te klinken?
Is 't met der schoonheids rijk voor eeuwig niet gedaan?

Is

ODE.

Is 't niet vergeefsch dat West en Noorden
Zich paren aan de weeldrige oorden
  Van 't door God zelf geheiligd Oost,
Om door hun vlammende gezangen
Uwe albezieling te vervangen
  Bij 't u onwaardig menschenkroost?
Verkond ons wie der Kunstgodinnen,
In Griek en Romers tempeltinnen,
  Met heidensche offers aangebeên,
Na u dien troon op de aarde mocht bekleên,
Van waar gij éénmaal zelf het menschlijk harte roerdet,
Verhieft, vergeestelijkte, en aan Gods voeten voerdet!

  Wie hoort de glans dier zegepraal?
  Is 't Clio, wier manhafte taal
Den roem van 's aardrijks vroegste tijden
  Aan 't laatste nageslacht verkondt?
  Die door des blinden dichters mond
  Het plekjen, waar eens Troje stond,
Aan de eeuwigheid vermag te wijden?
          ✶ ✶
                              Een

Een rei van koningen, een fiere heldenstoet,
Die ze uit het graf herroept en ons aanbidden doet,
Kent haar de zege toe! Zij vlechten hun laurieren,
Stemt gij het mee, in één, om Clioos kruin te sieren!

Maar neen! een andre toon ontstaat!
Euterpe roert de gouden snaren!
Daar treedt zij voor met losse haren,
De Godheid in het oog, die door haar spreken gaat!
Zij zingt! Het aardrijk is verdwenen!
't Verleden en de toekomst smelt in éénen!
De hemel opent zich voor 't menschdom...... 't Is te veel!
Geen stervling viel de kracht ten deel,
Haar stouten hemelvaart te teugelen,
Of 't spoor te volgen van haar vleugelen!
De ziel verliest zich in die vlucht,
Erkent haar machtloosheid, en stort in lager lucht!

Gij

O D E.

Gij zijt het, Melpomeen! de kroon past op uw haren!
    U zij het dichterlijk gebied!
  U, die den gloed der lierzang weet te paren
      Aan 't grootsch geluid van 't heldenlied!
    O! weigert gij niet aan deze oorden
      Dien toon, der hooge heemlen lust?
    O! tokkelt ge die zilvren koorden,
      Waar op der heemlen waarheid rust?....
    Ge ontrukt, ge ontrukt ons aan ons zelven!
    Gij voert ons tot de stargewelven,
Tot voor dat licht, waar meê Gods Almacht zich omhult!
    Gij kent, en gij verkondt die wegen,
  Waardoor Zijn vonnis of Zijn zegen
      Zich in dit jammerdal vervult!

Maar hoe? wat bloed-, wat treur-, wat schriktoneelen!
    Meestres van 't diep geschokte hart,
    Die door het knijpen zelfs der smart
    De ziel te boeien weet, te streelen!
                      Wat

HET TREURSPEL

Wat ijslijkheden voert ge ons aan?
Hier broeders, heet op 't bloed van broeders,
Daar aan zich zelve ontvallen moeders,
Die aan haar eigen kroost verwoede handen slaan!
Hier vorsten, bij den troon geboren,
Ter neêr gebliksemd van dien troon!
Daar de eer, die braafheid scheen beschoren,
Ontwijd tot gruweldaadren loon!
Wat vreemde tegenstijdigheden,
Door 't sterfelijk verstand bestreden,
En die ge 't weggesleept gemoed
Erkennen en aanbidden doet!

Want zwevende op azuren wolken
Ontdekt gij de opgetogen volken
't Ontzachelijk geheim van 't Lot!
En wijst, bij 't stroomen onzer tranen,
Bij 't bulderen der driftorkanen,
Op de Alvoorzienigheid van God!
De loop van werelden en tijden,

Dus

ODE.

Dus leert ge, is door één woord voor de eeuwigheid beschikt,
En 't eens bestemde lot blijft pal en onverwrikt!
   Den slag, door dit gedreigd, te mijden,
    Is boven 't perk der menschlijkheid,
   En al die standverwisselingen,
    Die zich elk oogenblik verdringen,
Geleiden ons naar 't heil, door Zijn genâ bereid!

Verheven rei van 's oudheids treurspeldichteren!
  Van schoon-, van groot-, van waarheidstichteren!
  En gij vooral, doorluchte dichtrenvorst,
  O Eschylus! uw stoute dichtvlucht dorst
   Het spoor tot hooger waarheên banen,
   Dan blinde heidnenzielen wanen!
    De zetel van hun valsche Goôn
    Schokte op het galmen van uw toon!
  Uit hooger, ja, uit hemelsche oorden
  Drong met den klank van uwe woorden
    Een straal van waarheid in het hart,
Verheffend voor den geest, en balsem voor de smart!

                                        Zoo

HET TREURSPEL, ODE.

Zoo, Dichtkunst, voegt het u te loven!
De traan in 't oog, het oog gericht naar boven!
Bezield met heldenkracht, op vorstengrootheid fier!
Gij zijt het, Melpomeen! de kroon past op uw haren!
Dat dan die kroon uw haren sier',
En roere uw Zustrenrei ter uwer eer de snaren!
Ter uwer eer? Tot die van God,
Van Hem, die heel des werelds lot
Met éénen wenk bestemde, in één hand houdt omsloten!
Van Hem, uit wien de glorie daalt,
Die om het hoofd van Vorsten straalt,
Waarvan Zijn hand het éénig kan ontbloten!
Van Hem, die zegent, Hem, die wreekt,
Wiens invloed in den dichter spreekt,
Wanneer het woudgediert zich opdringt aan zijn kluisteren,
Het stof zelf zich bezielt, en aarde en heemlen luisteren!

PROMETHEUS.

Nec fulminantis magna Jovis manus!

PERSONAADJEN.

PROMETHEUS.

VULCAAN.

DE WRAAKGODIN.

OCEAAN.

IO.

MERCURIUS.

REI VAN ZEENIMFEN.

PROMETHEUS.

EERSTE TOONEEL.

DE WRAAKGODIN, VULCAAN, PROMETHEUS.

DE WRAAKGODIN.

Zie daar dan 't oord bestemd Prometheus straf te tuigen!
Hier leer' de oproerige voor hooger machten buigen!
Vulcaan, ge ontfingt den last van d'Oppersten der Goôn,
Uw vader. 't Is uw plicht hier Themis stouten zoon
Te kluistren aan de rots met diamanten boeien,
Om in deze eenzaamheid zijn misdrijf te verfoeien.
Hij waagde 't, aan den mensch een Godenheilgenot
Te schenken: zoek' hij thans verlichting van zijn lot
In menschendankbaarheid! De elendeling verzaakte
Aan Godenplicht en rang, u zelf die 't vuur bewaakte,
Der heemlen schat en roem, ten onvergeetbren hoon:
Ontfang' hij van uw hand het lang verdiende loon!

PROMETHEUS.

VULCAAN.

Godesse, 'k ken den last mij door Jupyn gegeven:
Vermetel waar' 't en dwaas dien wil te wederstreven.
Gij hebt uw plicht volbracht; laat, laat de zorg aan mij
Den mijnen te voldoen. Het treuren staat mij vrij,
Wanneer 'k veroordeeld ben eens dierbren broeders handen,
De handen van een God te knellen in dees banden.
O al te fiere zoon van Themis! de eigen smart
Die uwen boezem knaagt, vervult ook mij het hart
Op dit noodlottig uur. Helaas! ik ben gezonden
Om u in naam der Goôn uw vonnis te verkonden.
Gij zijt verbannen tot dees aaklige woestijn.
Dit rotsgebergte moet voortaan uw woonplaats zijn,
Waar zelfs de nagalm niet van menschentaal mag naadren.
Hier moet u ieder dag een gloeiend vuur in de aadren
Ontsteken; hier de nacht, waar naar gij dor geroost
Zult smachten, 't matte lijf voor lafenis en troost
Doen siddren van zijn kou en schadelijke dampen;
Verwissling elken reis van steeds vergrootte rampen,
Waar aan 'k geen eind voorzie. Wie waagt, of wie vermag
Uw redding uit een boei, bestemd reeds sints den dag,
Dat gij voor 't menschlijk heil der Goden gunst verzaakte?

Waar

Waar was uw wijsheid, toen ge u hem ten vijand maakte,
Wiens hand nog ongewoon aan 't klemmen van den staf
Gevoelig tuchtigt, en geen deernis kent bij straf?

DE WRAAKGODIN.

Wat mart gij? Is 't geen tijd den snoodaart te kastijden,
Zoo haatlijk aan de Goôn? Waartoe dat medelijden
Met hem, die u, u zelv' zoo fel beleedigd heeft?

VULCAAN.

Beleedigd? 't Zij zoo! maar hoe naauw het harte kleeft
Aan maagschap, weet gij niet!

DE WRAAKGODIN.

                  En 't vonnis van uw vader?
Is niet zijn hooge wil, Vulcaan, u eindloos nader?

VULCAAN.

Uw woorden zijn altoos van bitterheid vervuld.

DE WRAAKGODIN.

Bezielt u nog de hoop dat gij hem redden zult?
Zoo niet, wat baat het u den tijd in nutloos treuren
Te slijten?

VULCAAN.

       Dat ik me aan dit schrikoord mocht ontscheuren!
Helaas! moest mijne hand Jupyn ten dienste staan?

PROMETHEUS.

DE WRAAKGODIN.

Wat zwakheid! hebt gij ooit iets tot zijn val gedaan?

VULCAAN.

O! had mij Jupiter van dezen last ontslagen!

DE WRAAKGODIN.

Neen! machtig zijn de Goôn, maar steeds hun welbehagen
Te volgen, staat aan hun, zoo min als 't menschdom, vrij!
Het is die Godheid slechts, die de opperheerschappij
Der heemlen voert, wier wil zich waarlijk vrij kan achten!

VULCAAN.

Hoe ondervinde ik dit!

DE WRAAKGODIN.

    Welaan, besteed uw krachten
Aan 't u vertrouwde werk, zoo gij in de ongenâ
Des heiligschenners niet verkiest te deelen. Sla
De diamanten boei hem om de forsche leden,
En knel hem aan de rots! Maar kost gij schakels smeden
Van keetnen, waar zijn list niet uit te breken weet?

VULCAAN.

'k Volbreng mijn last met smart; maar wat ik hier ook deed,
Deed 'k naauwgezet en trouw; dees ketens mogen 't tuigen!

PROMETHEUS.

DE WRAAKGODIN.

Hier leer' dan de onverlaat voor 's hemels vorst te buigen!
Wegkrimpende in de pijn, wijt' hij zich zelv' het al!

VULCAAN.

O Themis eedle zoon, wie ooit mij haten zal,
Gij, gij-alleen hebt recht!.... Hoe deele ik in uw lijden!

DE WRAAKGODIN.

Hoe? met d' oproerling, die ons allen dorst bestrijden,
Te treuren, schaamt ge u niet? Gij stort u zelv' in 't leed,
Verblinde!

VULCAAN.

Neen! zijn lot, zoo hartverscheurend wreed,
Ontzeg 'k mijn deernis niet, schoon 'k even veel mocht wagen!

DE WRAAKGODIN.

Een muiter in zijn straf! Geeft u dit stof van klagen?
Klem eer des booswichts voet wat naauwer in zijn ring,
Dat hij zich niet op eens uit onze handen wring',
En wij onze achtloosheid niet boeten met de woede
Van Jupiter, wien niets Prometheus straf vergoedde!

VULCAAN.

Zwijg, wreede, zwijg in 't eind! Uw vreesselijk gelaat
Verraadt genoeg dat hart, niet slaande dan voor haat.

DE WRAAKGODIN.
Lust het u laf te zijn, ik gun u dit genoegen!
'k Verkies niet bij zijn straf die van mij zelf te voegen,

VULCAAN.
Neen! langer wedersta 'k dit aaklig schouwspel niet.
(*Hij vertrekt.*)

DE WRAAKGODIN, *tot Prometheus.*
Waar is uw trotschheid thans, vermetele? Gij ziet
Wat heerlijk lot hem wacht, die 't hemelrijk ontwijden,
En voor des aardrijks heil Jupyn zelf durft bestrijden.
Hoog klonk in vroeger tijd de roem van uw verstand:
Aan klocken raad was zelfs de klank uws naams verwant,
En kost ge niet voorzien dat dit uw lot zou wezen?
Of had uw stout ontwerp geen tegenstand te vrezen?
Gij hebt uw faam verbeurd, zoo gij geen middel weet,
De boei te ontkomen, die ge u zelven hebt gesmeed.

TWEEDE TOONEEL.

PROMETHEUS, *alleen.*
Alziende Godheid, die mijn geest ontwaart in 't ruischen
Der winden, in 't geklots der golven, in het bruischen,
Ontzachlijke Oceaan, van uw onmeetbren vloed!
O aard-

PROMETHEUS.

O aardgodes, wier schoot steeds voortbrengt, laaft, en voedt!
Gij, Zon, wier hemelsch oog zijn glans leent aan de dagen!
Getuigt het, wat een God van Goden moet verdragen!
Gij kent mijn onschuld; kent mijn schrikbaar noodlot meê!
    Ja, duizenden van eeuwen zullen
    Haar onafzienbre kring vervullen,
Eer ik den hemelgrond, mijn oorsprong, weêr betreê!
En bij die boeien, die geweld en onrecht smeedden,
Moet, Goden, de genade uws Konings aangebeden? —
    Mijn foltring groeit met ieder oogenblik!
De toekomst opent zich, en spelt nog wreeder plagen.
Groeit, folteringen, groeit! 'k Verwachtte u zonder schrik,
En 'k zal u de eeuwen door steeds onvernederd dragen!
Want, zoo 'k u thans gevoel, reeds lang waart gij voorzien,
Toen 't teêrst gevoel mij drong om 't menschdom hulp te biên,
En immer was mijn moed, als 't noodlot, ons beschoren,
Niet om te zetten! Neen, 'k doe hier geen klachten hooren:
Geen weekheid past een God, en 't allerminst aan mij!
Maar 't is me een wellust in de doodsmart die ik lij'
Mij zelf te erinneren aan wat ik heb misdreven.
Rampzalig menschdom, ach! een leven zonder leven
Ontfingt gij van de Goôn! Mijn hand heeft u bezield,

Toen

Toen zij het hemelvuur, dat u hun trots onthield,
U meêdeelde, en uwe aard den hemel deed gelijken!
Geen vloek van 't algeweld deed me in dit uur bezwijken.
Ik boet die zege thans, en gruwzaam; maar mijn hart
Ziet juichend op u neêr, en zegent zelfs zijn smart!

DERDE TOONEEL.

PROMETHEUS, DE REI DER ZEENIMFEN
vertoont zich in een wagen boven de rots.

PROMETHEUS.

Maar wat gerucht dringt tot mijn ooren?
Wat nieuwe plaag is mij beschoren? —
Of nadert iemand mij? Wie zijt ge, mensch of God,
Die 't schouwspel tuigen wilt van mijn verschriklijk lot?
De vijand van den Vorst der Goden, van hun allen,
Die zelfverloochenend hem voor de voeten vallen,
Staat voor u, boetende voor wat hij 't menschdom gaf. —
Wie nadert? Rondom heen voel ik den luchtstroom trillen,
En wieken klepperen!.... Ach! wat kan 't mij verschillen?
Ik wacht alleen verzwaring van mijn straf!

DE REI.

Vrees niets, wij brengen u geen plagen,
Maar troost, indien 't kan zijn. De hemelen gewagen
Met aarde en zee en hel, Prometheus, van 't geweld,
Dat u aan deze rots zoo wreed heeft vastgekneld. —
　　Door zulk een rampspoed diep bewogen,
Heb 'k, voor de schaamte doof, die 't maagdlijk hart bestiert,
Doof voor mijns vaders raad, mijn deernis bot gevierd,
　　En ben der waatren rijk ontvlogen,
　　　Om u mijn zwakke troost te biên!

PROMETHEUS.

O! dat ge in zulk een staat een hemeling moet zien!
　　Gij, teedre nimfenstoet, gesproten
Uit hem die heel deze aard houdt in zijn arm gesloten,
　　Kroost van den grijzen Oceaan!
　　O kunt gij, kunt gij 't nog bestaan,
　　Den droeven balling te genaken,
　　Den droeven balling, en de rots,
Waarop hij, bij den klank van 't brommend zeegeklots.
　　Gedoemd is eeuwen door te waken.

DE REI.

Prometheus, ach! mijn ziel ontzet!

Zou ons geen traan het oog ontvloeien,
Dat u in deze onbreekbre boeien
Geprangd moet zien? — Een nieuwe wet
Regeert d'Olympus, en de Goden,
Vol schrik voor Jupiters geboden,
Vernietigen met hem wat éénmaal heilig was.

PROMETHEUS.

Beneden 's aardrijks schoot, beneden
Des Tarters giftige moeras,
Waar nog de keten, die mijn leden
Omstrengelt, machtloos op mijn ziel.
Zoo iets mijn zuchten op kan wekken,
Zoo is het, dat ik hun ten schouwspel moet verstrekken,
Die uit den hemelhof, waar van ik nederviel,
Ter neêr zien op een leed, niet aan hun smaad te onttrekken.

DE REI.

Wie, wie der Goden zou in 't hart,
Geen deernis voeden met uw smart?
Wie in de ontembre gramschap deelen
Van Jupiter, die daar hij 't Al regeert,
Een heemling straffeloos verneêrt,
En straffeloos zijn ziel met wraak vermag te streelen,

Waar-

PROMETHEUS.

Waar aan 'k geen ander einde wacht,
Dan 't einde van zijn oppermacht.

PROMETHEUS.

En echter zal dees rots nog eens het uur getuigen
Dat Jupiter den trotschen kop zal buigen,
Op dat des doemlings veege mond
De duistre Godspraak, die zijn kroon bedreigt, verkond'!
Wanneer 'k, noch voor de list van honigzoete klanken,
Noch voor het woedendste geweld,
In 't heiligste besluit zal wanken,
Voor dat 'k, in d' ouden rang hersteld,
Van hem voldoening zal erlangen,
Van wien mijn godenhand dees kluisters heeft ontfangen.

DE REI.

Uw stoutheid baart me een killen schrik.
Hoe! schier verzonken in steeds aangegroeide rampen,
Bestaat gij 't met den Dond'raar nog te kampen?
Uw roekelooze taal, uw onverzette blik
Vernielt de hoop die ik nog voedde.
Neen! Jupiters verschrikbre woede
Zwicht voor geen woesten wanhoopkreet.
Uw stalen moed verdubbelt slechts het leed.

PRO-

PROMETHEUS.

Ja, machtig en niet om te zetten
Schijnt hij, voor wiens onzaalge wetten
De Olympus thands de kruin verneêrt:
En echter kan de dag ontluiken,
Die zijn ontzachbren toorn zal fnuiken,
En onzen haat in eendracht keert.

DE REI.

Indien de erinnering aan d'oorsprong uwer kwalen
Niet machtig was de wond nog dieper op te halen,
Die u de borst verscheurt, zoo wenschten we uit uw mond
Te hooren uit wat bron zoo fel een straf ontstond!

PROMETHEUS.

Verscheurend is 't verhaal, verscheurender 't versmooren
Der ramp, waar 'k onder zwoeg, wier oorzaak gij zult hooren.
Ach! aan mijn rang ontscheurd, wat had ik sints dien val
Te wachten rondom heen, dan plagen zonder tal? —
De twist is u bekend, die 't Godendom beroerde,
Voor dat nog Jupiter den hemelscepter voerde.
Een deel wou Cronus hoofd ontblooten van de kroon,
En schenken de oppermacht aan zijn ondankbren zoon.
Een ander koos de zij der aangerande grijsheid:

Het

Het zijn zijn broeders, 't kroost van Uranus, dat wijsheid
Noch krijgsbeleid ontziet, op enkel krachten stout.
Ik toonde hun vergeefsch de weg aan van behoud.
'k Voorzei dat krijgsgeweld voor krijgslist hier zou wijken.
Hun trots verwierp mijn raad; de vijand moest bezwijken
Voor wapens, moed alleen de hemelsche oppermacht
Beslisschen, en het recht afhangen van de kracht.
Doch ik, ik had te vaak van Themis zelf vernomen,
Dat niemand in 't bezit van Cronus rijk zou komen,
Dan die 't veroovren mocht door bloed niet, maar door list.
Het was mijn plicht den wil van 't noodlot, dien ik wist,
Te volgen; 't was mijn plicht die trotschaarts te verlaten,
En 'k bracht den wijzen raad, die nimmer hun kon baten,
(Mijn moeder stemde 't meê) aan Cronus trotscher zoon.
En zoo de Titans nu in d' afgrond van de doôn
Hun weêrstand boeten met onafgebroken plagen,
Zoo Jupiter de kroon des hemels weg mocht dragen,
En de ijzren scepter klemt der wreedste dwinglandij;
Mijn vijand triumfeert door mij! Hij dankt het mij,
Dat hij mij foltren kan! Ja, 'k moest het ondervinden;
De dwingland haat het al, en allermeest zijn vrinden!
Hoort nu van welk een schuld ik hier de straf ontfang.

Naauw

Naauw meester van d'Olymp, bestemde hij den rang
Der Goôn en nam op zich 't bestier der hemelzaken;
Maar voor het droevig lot der menschlijkheid te waken
Was Jupiter onwaard; het reeds bestaand geslacht
Der menschen moest verdelgd, een nieuw hervoortgebracht!
Geen andre Godheid dorst dit wreed ontwerp weêrspreken.
Ik dorst hen voorstaan, en ik deed het onbezweken!
Het menschdom werd nog niet vernietigd over de aard.
Mijn deernis was me een straf, zoo gruwzaam kwellend, waard.
En ik, bij wien vinde ik die deernis met mijn plagen,
Als smart, en spijt, en smaad! mijn ingewand verknagen,
Wanneer mij de aartstiran van uit den hemel bant,
Ten schouwspel van 't Heelal, maar tevens hem tot schand?

DE REI.

Van ijzer is het hart, van deernis niet doordrongen,
Wanneer 't, Prometheus, u in boeien ziet gewrongen.
Geen droever mare kon mij treffen, dan uw straf,
En 't oog, dat haar getuigt, wendt zich in tranen af.

PROMETHEUS.

Gij zelf, mijn vijanden, gij zoudt hier tranen plengen,
O Goden! Deernis zou zich bij uw woede mengen,
Ware alle deernis niet gebannen uit uw ziel.

DE REI.
Maar heeft geen andre schuld de straf die op u viel
Verlokt?

PROMETHEUS.
Een weldaad nog! 'k Onttrok aan 's menschen oogen
De toekomst, hem bestemd. Het lot werd overtogen
Door 't schemerlicht der hoop, en 't menschdom werd bevrijd
Van angsten zonder tal. Mij zag de zelfde tijd
Het vuur der heemlen aan den stervling mededeelen,
Dat de aard verkwikken moest, en niet dan weldaân teelen,
Zie daar 't geen 'k misdeed.

DE REI.
En 't geen Jupyn verwoed
U met een eindloosheid van plagen boeten doet!
Of hoopt gij tegen hem door moed iets uit te richten?

PROMETHEUS.
Ik hoop niet, maar ik wacht dat eens zijn toorn zal zwichten.

DE REI.
Gij wacht? En op wat grond? Waar voert de drift u heen?
Miskent gij dat gij dwaalde? Ach! u met scherpe reên
Te tergen in de nood, is ons gevoel onwaardig,
Maar vinden we u voor 't minst tot eigen redding vaardig!

PROMETHEUS.

't Is licht, wanneer het lot eens anders kruin verplet,
Met wijzen raad gepraald! Ik word niet omgezet
Door 't schijnschoon van belang, dat recht en eer weêrspreken.
Ik wist het, dat Jupijn zich op mijn deugd zou wreken:
Ik wist het, en mijn wil bleef onveranderd. — Maar
Dat mij die ijslijkheid van straf beschoren waar,
Tot de eenzaamheid gedoemd van dees afschuwbre streken!...
Wie had mij 't ooit voorzegd? — Doch blijven we onbezweken!
En gij, o Nimfen, spaart me uw moedelooze klacht!
Op 't geen eens wezen moet, heeft smart noch wanhoop kracht!
Stijgt voor een oogwenk eer van uwen hemelwagen
Op deze rotsen af. Getuigen van mijn plagen,
Onttrekt mij niet de troost, die mij uw bijzijn geeft,
Als ik u 't lot vertrouw, dat me overrompeld heeft.
Wie kan zich voor den keer van 't noodlot veilig achten?
Wie weigert zich 't genot een onheil te verzachten,
  Dat al wat ademt treffen kan?

 DE REI, *van den wagen afstappende.*
 Gewillig late ik dezen wagen,
Op raderen van goud den luchtstroom doorgedragen,
  Voor 't rotsig strafoord van den man,

Die

Die zich voorlang zijn jamm'ren zag ontscheuren,
Indien ik iets vermocht met ongeveinsd te treuren.

VIERDE TOONEEL.

PROMETHEUS, OCEAAN, DE REI.

OCEAAN.

Ontfang den gullen groet van d' ouden Oceaan,
Prometheus! 'k Heb den ramp die u weêrvoer verstaan,
En haastte me om het oord dat u ontfing te naderen.
't Is niet het Godenbloed alleen, dat beider aderen
Doorstroomt, wiens naauwe band mij dus aan u verbindt:
Om wijsheid en om deugd heb ik u meer bemind.
Maak op de vriendschap staat die ik u heb gezworen!
Het is geen ijdle klank, dien u mijn mond doet hooren.
Spreek, eisch van mij een dienst, wat die mij kosten mag!
Hangt het van vriendschap af, ik redde u nog dees dag!

PROMETHEUS.

Hoe! gij ook in dit oord van ballingschap en plagen?
Hoe dorst gij zulk een reis, mijn grijze vader, wagen?
Hoe hebt ge uw zeepaleis verlaten voor dit strand,
Van ijzer slechts bevrucht, met enkel rots beplant?

B   Komt

Komt ge ook den Godentelg, die Jupiter de kroon gaf,
Beschouwen in de boei, die hem zijn hart ten loon gaf?
Ja, 't is wel de eigen hand, die 't hemelsche gebied
Beslischte, die gij hier in ketens knellen ziet!

OCEAAN.

'kAanschouw 't met diepe smart! Doch duld den raad der grijsheid,
Hoe hoog de glorie reikt van uw verstand en wijsheid!
Keer in u zelven weêr, en ban van uit uw ziel
Die onbetoomde drift! De Godenstaf verviel
Van Cronus op zijn zoon, de Olymp eert nieuwe wetten;
't Is niet in onze macht 't voorleden om te zetten.
Zoo buig gedwee het hoofd met heel het Godendom!
Wat baat het of uw toorn tot zulk een hoogte klom,
Dat gij u niet ontziet door onbedwongen smalen
De dubble wraak van hem u op den hals te halen,
Wiens strafroê, reeds zoo streng, licht nog verschrikbrer wordt?—
Wellicht mishaagt de taal, die hier mijn boezem stort,
Uw borst verhard in 't leed verfoeit genâ te vragen!
Het zij zoo! maar u steeds aan 't ijslijkste te wagen,
En tegen smart en nood te wapenen met haat,
Is dwaasheid. Geef gehoor, Prometheus, aan mijn raad!
Geen machtig koning zwicht voor morrende onderdanen,

En wat hier baten kan is needrigheid en tranen.
Welaan! ik werpe mij den Donderaar te voet;
'k Bedaar door zachte taal zijn fel verhit gemoed,
Indien 't nog mooglijk is; maar wil die kreten staken
Van oproer, die uw lot nog vreesselijker maken!
Den druk te ontlasten van 't verkropte hart is zoet;
Maar vluchtig is 't genot, en lang de straf, die 't boet.

PROMETHEUS.

O ondoordringbaar lot! Gij bleeft voor straf beveiligd,
Ofschoon ge aan ééne zaak met mij waart toegeheiligd!
't Zij verre dat 'k de rust die gij geniet benij'!
Maar werd ik 't offer van gevloekte dwinglandij,
Verg gij niet dat 'k mijn lot verdiene door te buigen!
Spil hier geen kostbren tijd, noch tracht mij te overtuigen;
Zorg eerder dat ge u zelf niet meê stort in het leed!

OCEAAN.

Tot heil van andren hebt ge uw wijsheid steeds besteed,
En nimmer voor u zelf! Waartoe mij thans weêrhouên?
Zoo 'k snelle naar Jupyn, 't is in het vast vertrouwen,
Dat gij op mijne beê uw ketens vallen ziet.

PROMETHEUS.

De deernis, die uw hart den droeven balling biedt,

De hulp, die gij voor hem met eigene gevaren
Beraamt, vergeet ik nooit! Maar wil die poging sparen!
Ze is vruchteloos voor mij, en stelt u zelven bloot!
Of! zou het voor dit hart een troost zijn in den nood,
Dat vrienden de ijslijkheid mijns noodlots ondervonden?

OCEAAN.

Neen! niet om u alleen heb ik mij onderwonden
Jupyn te naderen. Mijn broeder Atlas draagt
Zijn ongenâ, als gij. Zijn forsche schouder schraagt
En aard en hemelen, tot straf van vroeger pogen.
Ook Typhoos lot was hard, en heeft mij diep bewogen.
Wij zagen hem, den reus, het honderdvoudig hoofd
(Thans kwijnend en verneêrd, van d' ouden moed beroofd)
Ten hemel heffen met een blik die 't al deed beven.
Wij zagen hem verwoed de Goôn in 't aanzicht streven,
Die hij alleenig stond. Zijn longen aâmden vuur:
Zijn oog schoot vlam op vlam. Wij tuigden haast het uur,
Dat hij op Jupiter de zege ging behalen.....
Maar 't bliksemvuur daalt neêr en zet zijn woede palen!
De slingerende schicht treft hem het kokend hart;
En kracht en strijdlust zijn verzwolgen in de smart.
Daar lag hij uitgestrekt, als waar' hij zonder leven,

Maar

Maar de onbezielde klomp deed wie hem zag nog beven.
Heel de Etna dekte nu den reeds verslagen kop,
En 't aambeeld van Vulcaan dreunt op haar hoogen top,
Nog veilig. Want de dag zal aan den hemel klimmen,
Dat Etnaas kruin van één zal fcheuren, en de kimmen
Bespatten met een vuur, dat op Sicieljes grond
Bij stroomen vlocijen moet. 't Is de eigen Typhoos mond,
Die d' onderaardschen gloed tot vlammen aan zal blazen,
Die vlammen over de aard, die op hem weegt, doen razen,
En toonen dat hij nog, door 't lot onomgezet,
Zijn haat den teugel viert, schoon door Jupyn verplet!

PROMETHEUS.

Welnu? Begeert gij meê die ijsselijke plagen
Ten deel? Laat af, laat af zoo stout een kans te wagen!
Voor mij, laat mij een leed, dat 'k zonder zwakheid lij;
'k Wacht met standvast geduld het eind der dwinglandij.

OCEAAN.

Gepaste rede kan dat einde licht bespoeden.

PROMETHEUS.

Neen! 't Is niet in het felst van 't vijandlijke woeden;
Dat zich de ontroerde geest door zachtheid paaien laat.

PROMETHEUS.

OCEAAN.
De poging voor het minst....

PROMETHEUS.
     Vernedert zonder baat.

OCEAAN.
Is 't dwaasheid, laat m'in mij dien trek van dwaasheid wraken!
't Is wijsheid, soms den schijn van wijsheid te verzaken.

PROMETHEUS.
Helaas! dit is te waar.

OCEAAN.
     En gij, gij aarzelt niet,
En stoot de hulp te rug, die u de vriendschap biedt?

PROMETHEUS.
Ik moet. Licht vielt gij reeds dit uur in ongenade.

OCEAAN.
Van Jupiter?

PROMETHEUS.
Van hem.

OCEAAN.
    Ik sloeg den afloop gade
Van uw vermetelheid, en 'k wete wat ik waag.

PROMETHEUS.

PROMETHEUS.

Zoo ga, en wacht u steeds voor 't geen Jupyn mishaag'.

OCEAAN.

Ik zie het al te wel, uw haat is niet te teugelen! —
Mijn zeepaard trapt zints lang, en geesselt met zijn vleugelen
De lucht rondom hem heen. Ik voere hem ter rust,
En mij uit de aakligheid van dees rampzaalge kust.

(Hij vertrekt.)

VIJFDE TOONEEL.

PROMETHEUS, DE REI.

DE REI.

KEER.

Doorluchtig Godenkroost, uw lijden
   Is voor ons meê een bittre smart;
De traan, die wij uw jammren wijden,
   Welt uit een fel beknepen hart!
Streng in uw staf, o Vorst der Goden!
   Maar allerhevigst drukt uw macht
Op hun die zelven eens geboden,
   En op hun diep verneêrd geslacht!

PROMETHEUS.

TEGENKEER.

In de oorden, die uw grootheid zagen,
Prometheus, galmt een kreet van rouw!
Wie dacht het, dat dit heir van plagen
Op 't hoofd van Goden storten zou?
Om 't lot der heemlen treurt nu de aarde!
De sterveling beklaagt zijn Goôn!
Het lot vooral, dat u weêrvaarde,
Uw vaderzorg voor hem ten loon!

TWEEDE KEER.

Die Colchis rijken grond bewoonen,
En 't heir der manlijke Amazoonen
Betreuren 't onheil dat u trof!
In 't woeste Scythië weêrgalmen jammertoonen,
En paren zich aan uwen lof!

TWEEDE TEGENKEER.

Zelfs in deze afgelegen streken,
Die enkel moordend ijzer kweken,
En waar de strijdbre borst verhard voor deernis schijnt,
Voelt zich het mannenharte breken,
Dat gij in zulk een leed verkwijnt!

DERDE KEER.

'k Zag slechts één held, als gij, die Goden had tot ouderen,
En onder 't juk zwoegt van hun straf!
'k Zag Atlas vast gespierde schouderen,
Wien Jupiter geheel zijn rijk te dragen gaf,
Den nooit verpoosden last verrichten,
Waar voor de kracht van Goôn zelf scheen te zwichten.

DERDE TEGENKEER.

't Gebied der zeeën gromt met ongestuime golven:
Zijn klachten tegen 't noodlot uit!
Ook de onderwereld is verbolgen:
Des aardrijks bodem dreunt met naar en dof geluid!
't Bezielt zich al van 't medelijden,
Dat we aan uw lot, vervallen heemling, wijden!

PROMETHEUS.

Misduid mijn zwijgen niet, o Nimfen! 't Is geen trots
Noch achterhoudendheid. De vreemde keer mijns lots
Houdt op dit tijdstip nog mijn geesten ingespannen!
Hoe! ik, ik door die Goôn van uit mijn rang gebannen,
Wier macht, mijn ondergang, ik zelf heb doen ontstaân!
Gij weet het! Zegge ik eer wat 'k verder heb misdaan
Uit deernis voor 't geslacht der menschen, door de Goden

Vernederd en gehaat, maar die ik hulp geboden
En schier tot halve Goôn hersteld heb! Hun bestaan
Was nietig. 't Voorwerp deed alleen het zintuig aan,
Niet meer verbonden aan een werkkring, meer verheven.
De zielkracht sliep. De zelfbewustheid van het leven
Ontbrak als in den droom. Zij stichtten nog op de aard
Geen schuilplaats voor de kracht van zon en lucht bewaard.
Een duistre boschspelonk was mensch en dier tot woning,
En niets bestond er dat 't gedierte van hun koning
Nog onderkennen deed; want woest en onbeschaafd
Was heel de kracht des geests aan 't grove lijf verslaafd,
Een hooger vlucht ontwend. — Wie mocht de hemelteekenen
Met de oogen nagaan, en den weg der zon berekenen?
Wie perkte nog 't gebied der jaargetijden af,
Of leerde wat gesternt' het bloeiend voorjaar gaf,
Wat andren 't feestgetij der herfstgodes voorspellen,
Of 't stroomnat met geweld zijn oevers uit doen zwellen?
Door mij is 't, zoo zij thans het op- en ondergaan
Der sterren en den stand der heemlen gadeslaan.
Het denkbeeld van getal in vast bepaalde klanken
En beelden uitgedrukt heeft de aarde mij te danken!
Aan mij meê, dat de taal, die uit den boezem breekt,

Tot

PROMETHEUS.

Tot 's werelds uiterste eind en tot de toekomst spreekt,
In teekens afgemaald, naar 't buigen onderscheiden
Van 't spraakdeel, in wiens vorm de toonen zich verspreiden!
'k Deed d' arbeid van den mensch door 't redelooze dier
Verpozen. 't Moedig paard, eens op zijn vrijheid fier,
Leerde ik zich in den toom, die hem bedwingt, verblijden.
'k Deed de uitgeholde boom op de oppervlakte glijden
Der waatren, toegerust met vleugelen van doek.
Dit waagde ik en nog meer, die ondanks 's hemels vloek
Den diep vervallen mensch gelukkig wist te maken,
Maar ach! geen middel weet om deze boei te slaken.

DE REI.

Gij lijdt, het is te waar, maar verre dwaaldet gij!
Wat ziekte krenkte u dus? Wat wondre razernij
Dreef u in 't dreigend leed? Gij hadt uw lot voor oogen,
En thans zijt ge onbekwaam tot redding iets te pogen!

PROMETHEUS.

Ach! tot der menschen heil ontbrak mij nooit de macht!
Heb ik niet tegen 't heir der ziekten hulp gebracht?
Wat wisten zij vóór mij van heeling voor hun wonden?
Geen balsem kenden zij, maar lagen onverbonden,
En stierven zonder hulp of laafnis. 's Aardrijks schoot

Gaf

Gaf vruchtloos heilzaam kruid, en de onverbidbre dood
Verraschte steeds een prooi, wier zwakheid zich niet weerde;
Voor dat hun hooger hulp de tooverkrachten leerde
Der godlijke artsenij. Geheimen van het lot,
Zoo diep verborgen voor het oog zelfs van een God!
'k Vermocht u wederom aan 't menschdom te openbaren.
Haast spelde hem de kunst, wat heil of wat gevaren
Hem wachtten; alles sprak tot d' eens verlichten geest.
De zin des duistren drooms ontwikkelt hij, hij leest
Zijn toekomst in de vlucht der vooglen, gaat te rade
Bij bosch- en stroomgedruisch, en slaat elk teeken gade
Met naauwgezet vernuft. De heilige offerand
Ter eer van 't Godendom is 't eerst door mijne hand
Ontstoken, en de vlam, die opgolft tot de wolken,
En 't rookend ingewand tot nieuwe orakeltolken
Verheven. Uit het diepst des aardrijk rees de gloed
Van goud en zilver, die het menschdom met den voet
Vertrapte, onwetend nog wat schatten de aard hem baarde
Van vierderlei metaal, waar van 'k gebruik en waarde
Hem leerde, voor zijn heil zorgvuldig zonder maat.
Ja, deze is de een'ge troost, die mij het noodlot laat,
Dat, wat de stervling ooit voor weldaân heeft genoten,

Hem

Hem uit Prometheus borst alléén zijn toegevloten!

DE REI.

Ja, zorgloos voor u zelf, aan andrer heil gewijd,
Zoo waart gij! Maar het leed waar ge in gedompeld zijt
Is nog door buigzaamheid te ontkomen. O! verneder
Uw hoogmoed, en welhaast groet u de hemel weder
Zijn burger, die Jupyn in wijsheid evenaart!

PROMETHEUS.

Neen! Niet langs dezen weg is mij het eind bespaard
Van deze ballingschap. Met onoptelbre rampen
Heeft mij de wil van 't lot nog opgelegd te kampen;
En ik, ik onderwerp me. O! deze borst heeft kracht
En moed, die met de smert van ijdle kwalen lacht.
Maar om den loop dien zich het noodlot koos te keeren,
Is 't vruchtloos iets getracht. Haar vonnissen vereeren
De Goôn; zelfs Jupiter wijkt van haar wet niet af.
Van haar ontstond zijn macht, van haar ontstond mijn straf;
En wat de ziel vermag, is dulden en verwachten.

DE REI.

Maar hoe! verwacht gij dan dat weêr de hemelmachten
Verwisslen zullen, en de zetel van Jupyn.

PROMETHEUS.
Neen! Blijve dit geheim, en wilt gedachtig zijn
Dat ik van zwijgen slechts mijn redding heb te hopen!
De dwingland moet 't geheim met mijn ontslag bekopen!

DE REI.

KEER.
Bewaar, bewaar, o machtig lot,
Mijn zwakke ziel van met den God
Die op d' Olymp regeert in zulk een strijd te treden!
O! winne ik zijn genâ door offers en gebeden!
Ik zal, ik zal hem steeds ontzien,
Hem immer needrig hulde biên!
Want wat, wat baat het hem te tergen,
Voor wiens geweld zich niets vermag te bergen?

TEGENKEER.
Waartoe steeds angst en zorg gezocht?
Waartoe een oogwenk heils gekocht
Voor rampen, waar 't verstand geen eind aan kan bepalen? —
Zijn dan ook wij bestemd van ramp in ramp te dwalen,
En is der aardbewoonren lot
Gemeen aan 't leven van een God?
Prometheus! schrikbaar is uw voorbeeld!
Een godheid, tot de straf eens stervelings veroordeeld!

PROMETHEUS.

TWEEDE KEER.

Ga, roep hen thans ter hulp, die gij gelukkig maakte,
Voor wie gij 't hemelsch heil verzaakte!
Wat is het sterfelijk geslacht?
Wat is zijn aanzijn? Wat zijn macht?
Een schim, een schaduw, die een oogwenk doet verschijnen,
Een oogwenk wederom verdwijnen,
Blind voor 't gevaar, dat hem omgeeft aan alle kant!
Zal u hun dankbaarheid bevrijden van uw band?

TWEEDE TEGENKEER.

O! moet ik u mijn groet in rouwgezangen brengen?
Moet ik hier tranen, zuchten plengen?
Ik, de eigen die in vroeger tijd,
Den dag aan uwen echt gewijd
Weêrgalmen deed van andre zangen,
Door 't heilgejuich der zeêgoôn opgevangen,
Toen 'k zuster Hesioon uw liefde in de armen bracht?
O ommekeer van 't lot, wie had u ooit verwacht!

PROMETHEUS.

ZESDE TOONEEL.

PROMETHEUS, IÖ, DE REI.

IÖ.

Waar ben ik? wat geslacht van menschen voedt dees grond?
 Wat zie ik? aan den top van deze bergen
Een Godheid vastgesnoerd? Wat schrikbaar vonnis bond
Hem aan dit foltertuig?

(Tot Prometheus.)

Mag 'k u een antwoord vergen,
O! zeg mij, waar mij 't lot gebracht heeft op dees stond?
 Helaas! hoe wreed is 't nog op mij verbolgen!
 Hoe rustloos voel ik mij vervolgen
Door 't duizendoogig spook, dat leefde voor mijn straf,
 En dat, vergeefsch verzwolgen in het graf,
Mij nog van killen schrik de wereld door doet zwerven!
 Laat mij in 't end, o Goden, rust verwerven!
 Ik val van angst, 'k val van vermoeinis neêr! —
De poorten van de hel heroopnen zich, en geven
 De schim van Argus de aarde weêr!
 Ik zie het monster om mij zweven,
Het volgt mij waar ik sta, 't bewaakt op nieuw mijn schreên....

Nog

Nog ruischt de toon der rietpijp door mijn zinnen,
Die eens vermogend was den woestaart te overwinnen,
   Maar machtloos thans! — Waar, waar voert gij mij heen,
 O Jupiter? Van waar die reeks van plagen
      Op mij, die ach! uw deernis slechts verdien?
    Moet eerst de laatste van mijn dagen
      Het einde dezer foltring zien?
   Of zoo ik misdaân heb te boeten,
   Zoo splijte de aarde voor mijn voeten,
Of zij mij de afgrond van de zeeën tot een graf!
   Uw bliksem moge mij verpletten!
De doodwond zal alleen mij van mijn leed ontzetten!
'k Ben afgefolterd, 'k zal bezwijken in mijn straf!
Bespoedig slechts het uur, bespoedig 't op mijn smeken!

DE REI.

Hoort ge uit het hart der maagd den kreet der wanhoop breken?

PROMETHEUS.

Ik hoor den kreet der maagd, vervolgd door Junoos haat,
Eens door Jupyn geliefd, thans door Jupyn versmaad.
Het kroost van Inachus treedt tot ons, moê van 't zwerven,
En 't hijgen naar een rust, die zij te lang moest derven.

PROMETHEUS.

IÖ.

Wie noemt mijn vader in dit oord? —
O! onderrichte mij een woord,
Eén woord slechts, wie gij zijt, en waar mij 't noodlot voerde?
Wie zijt ge, gij wiens stem mijn ziel zoo diep ontroerde?
Die, ongelukkig zoo als ik,
Mijn naam, mijn afkomst toont te weten,
En de oorzaak van dien helschen schrik,
Waar Iöos geest zoo wreed van is bezeten? —
Wie is er, buiten mij, die dus, dus schuldloos lijdt?
Gij ziet het offer van den dolsten minnenijd! —
O gij! die alles mij een hemeltelg doet denken!
Kunt ge Inachus wanhopig kroost
Een enkel oogenblik van troost,
Een enklen straal van licht omtrent haar toekomst schenken?

PROMETHEUS.

Vraagt gij mij, wie ik ben? 'k verheel mijn naam u niet,
Verbonden als wij zijn door eenerlei verdriet!
Gij ziet Prometheus hier, den vriend der stervelingen!

IÖ.

Prometheus? En wie dorst u in dees ketens wringen?

PROMETHEUS.

De handen van Vulcaan, het vonnis van Jupyn.

IÖ.

En welk een gruwelstuk kon hier van de oorzaak zijn?

PROMETHEUS.

Ik meldde u de oorzaak reeds: mijn weldaân aan de menschen.

IÖ.

Voldoe nog met een woord den billijksten der wenschen!
Hoe lang nog zwerve ik rond ten prooi aan 't eigen leed?

PROMETHEUS.

Ach! zwijge ik hier van eer! Wat baat u dat ge 't weet?

IÖ.

Verberg, verberg mij niets, wat lot me ook zij beschoren!

PROMETHEUS.

Wat ik u melden zou, zoudt gij met wanhoop hooren!

IÖ.

't Is zulk een wijsheid niet, wier weldaad ik behoef.

PROMETHEUS.

Wel nu dan! 't is uw wil; 'k zal spreken.

DE REI.

O vertoef
Een wijl! 'k Voel Iöos klacht geheel mijn borst doordringen!

C 2 Ach!

Ach! mochten wij den loop dier lotverwisselingen,
Wier storm haar voor ons voert, vernemen uit haar mond,
Voor dat uw godspraak hier des hemels wil verkond'!

PROMETHEUS.

Ontvouw ons, droeve Nimf, door wat gebeurtenissen
Gij 't vaderlijk gebied sints reeds zoo lang moet missen?
Gij hebt de zusteren van Inachus gehoord!
Verstoot haar bede niet, zij sproot uit deernis voort.
Een deernistraan geeft lucht aan 't teêrgevoelig harte:
't Verwekken van dien traan verlicht de zwaarste smarte!

I ö.

'k Gevoel in mij geen kracht uw reednen te weêrstaan;
't Verhaal dat gij mij vergt vang 'k zonder dralen aan.
Maar ach! mijn voorhoofd wordt van droefheid overtogen
En schaamte, dat ik dus mij toone voor uwe oogen;
En 'k bloos, schoon schuldeloos, om 't geen mij zoo ver bracht!
De kindschheid pas ontgroeid, ontwaarde ik nacht op nacht
Een wondre, zachte stem, dus fluistrende in mijn ooren:
„Gelukkige, waartoe het heillot u beschoren
„Ontweken? Jupiter verlangt u tot zijn bruid!
„Hij brandt van min voor u; gij, Iö, vliedt van uit
„Uws vaders watergrot naar Lernaas breede weiden!

„De

„De Koning van d' Olymp zal daar uw komst verbeiden."
'k Bepeinsde heel den dag het wonder van den nacht,
Onzeekrer ieder stond, hoe meer ik 't overdacht.
Was ik door de ijdelheid eens vluggen drooms bedrogen?
Of daalde wezenlijk een stem van uit den hoogen,
Den wil verkondigend van Jupiter? In 't end
Maakte ik mijn droeven staat aan Inachus bekend.
De grijzaart hoorde en schrikte. Een menigte van boden
Verspreidde zich alom om 't antwoord van de Goden
Uit Pythoos heiligdom en 't Dodoneesche bosch
Te lokken. Doch vergeefs. De taal des Zonnegods
Bleef duister en verward, en de eikenboomen zwegen;
Tot we eindelijk op eens 't verplettrend antwoord kregen,
Dat ons en ons geslacht de bliksem van Jupyn
Verdelgen zou, zoo 'k nog mocht wederspannig zijn;
En dat zijn hooge wil reeds voorlang had besloten,
Dat mij mijn vader uit zijn armen moest verstoten,
En nimmer weêrzien mocht. Wanhopig scheidden wij,
Rampzalige offers van de scherpste dwinglandij;
Doch onderwerping zelfs mocht Io niet meer baten!
Ik had den grijzaart naauw en zijn verblijf verlaten,
Of 'k zag mij dus misvormd! Mijn voorhoofd, eens zoo fier

Op d' eerbren maagdenblos, verlaagt mij tot het dier.
Maar weinig nog: gezweept door angsten zonder voorbeeld,
Zag 'k, Lerna in het eind genaderd, mij veroordeeld,
Eens herders wenk te ontzien, die 't honderdvoudig oog
Steeds wakende op mij richtte, en last had van om hoog,
Mijn schreden gâ te slaan, en me op 't wreedaartigst kwelde.
'k Weet niet wat keer van 't lot dat gruwzaam monster velde.
Hij viel. Maar 't helsche beeld leeft in mijn zwak gemoed,
En spreidt me een nieuwen schrik door 't fel verhitte bloed.
Zoo vluchte ik voor mij zelf wanhopig over de aarde,
En zoek vergeefsch den dood. — Welaan, ik openbaarde
U de oorzaak en den loop van mijn hardnekkig leed;
Ontvouw mij 't oovrig thans; zeg moedig 't geen gij weet.
Ik smeek, verbloem mij niets uit ijdel mededogen;
Ik vrees niets erger thans, dan dat 'k dus werd bedrogen.

DE REI.

O dag van nooit beproefde smart!
Hoe wordt op ieder stond mijn hart
Door slag op slag van een gereten!
'k Zie Goden uit hun rang in d' afgrond neêrgesmeten;
Ik zie de onnoozelheid verdrukt,
En onder jammeren gebukt,

Waar

Waar 'k nooit me een denkbeeld van kon maken!
Hoe wenschte ik, ach! Prometheus boei te slaken!
Hoe meng 'k mijn tranen aan uw klacht,
O Iö! Dat voor 't minst mijn rouw uw smart verzacht'!

PROMETHEUS.

Gij treurt om haar verhaal. Gij zult nog bittrer treuren,
Wanneer gij weten zult het geen nog moet gebeuren!

DE REI.

Zoo spreek: wij luisteren. Deel haar een uitzicht meê
Op 't end, hoe ver nog af, van haar onlijdlijk wee!

PROMETHEUS.

Uw ongeduld heeft thans geen uitstel meer te wachten,
Gij, Iö, geef gehoor en wapen u met krachten!
Gij zult van mij verstaan hoe en tot welk een tijd
Gij 't offer nog moet zijn van min en minnenijd!
Het Oosten roept u 't eerst. Gij zult uw' schreden wenden
Naar 't woeste Scythië, wier onbeschaafde benden
Geen vaste haardsteên, maar slechts tenten, met hun rond
Gedragen kennen, en verplaatst op ieder stond,
Zoek geen gastvrijheid daar, maar schuw hen na te komen,
Trek door dit aaklig oord in allerijl, de stroomen
Der zee langs, die 't bespoelt, tot aan Hybristes vloed.

Treed

Treed daar den oever op, tot waar die stroom den voet
Des Caucasus ontspringt, die de aarde met de kimmen
Tot één te voegen schijnt. Gij moet dien overklimmen,
En keeren u naar 't Zuid. Hier wordt door de Amazoon
Nabij Thermodons vloed u teedre hulp geboôn,
En de enge zee getoond, die gij moet overvaren,
En die aan 't nageslacht de erinn'ring zal bewaren
Dat gij door dezen weg het andre werelddeel
Bereikte! — Gij verschrikt, 'tgeen 'k spel schijnt u te veel!
Onnoosle, kent Jupyn of deernis of genade?
Om u versmaadde hij in dartle lust zijn gade;
Maar om dier liefde wil u hulp of troost te biên.....
Wacht dit van hem niet, die gewoon is niets te ontzien!

IÖ.

O Goden!

PROMETHEUS.

Iö, moed! en wil die wanhoop smoren!
Gij eischte dat ik sprak. Gij hebt nog meer te hooren.

DE REI.

Helaas! is nog de maat dier rampen niet vervuld?

PROMETHEUS.

Niet voor het tijdstip, dat gij straks vernemen zult.

PROMETHEUS.

IÖ.

Gij, Goden, die mij haat! ach! ware ik nooit geboren,
Of in de wieg gesmoord! Maar neen! 't was mij beschoren
Te leven tot een spel van uwe heerschappij!
Doch ik, ik-zelf, wat draal 'k? Waartoe niet zelve mij
Ter neêr geslingerd van dees rotsen tegen de aarde,
En 't lot te leur gesteld, dat mij uw wreedheid spaarde?

PROMETHEUS.

Hoe dus vervreemd van geest? Wat zwakheid spoort u aan,
Het op u rustend leed door zulk een stap te ontgaan?
Wat zoudt gij, die u dus door wanhoop laat vervoeren,
Indien ge u, zoo als ik, aan ketens vast zaagt snoeren,
Waarvan geen dood mij redt, die eeuwig leven moet,
Ja, eeuwig lijden, zoo mij 's dwinglands val niet hoedt?

IÖ.

Zijn val? Wie waagde 't ooit hem naar de kroon te steken?

PROMETHEUS.

'k Voorspel, ik zie den tijd, die u en mij zal wreken,

IÖ.

Wie rukt de koningstaf uit een zoo forsche hand?

PROMETHEUS.

Zijn eigen roekloosheid, een dwaze huwlijksband.

PROMETHEUS.

IÖ.
Heeft hij de gade dan, die hij zich koos, te vrezen?
PROMETHEUS.
Zijn eigen kroost zal eens de schrik zijns vaders wezen,
Zoo hij mijn boei niet slaakt, en dus zich zelf behoedt.
IÖ.
Wie anders brak die los?
PROMETHEUS.
Een held van uit uw bloed.
IÖ.
Is 't mooglijk? Van mijn kroost hebt gij uw heil te wachten?
PROMETHEUS.
Van 't kroost uit uwen schoot na dertien nageslachten.
IÖ.
't Is duister voor mijn geest, wat mij uw mond voorspelt.
PROMETHEUS.
Welaan! u zij de keus, wat wenscht gij dat ik meld',
Of d'afloop van uw reis, of d'afloop van mijn plagen?
DE REI.
Ontzeg ons niet, kan 't zijn, van beiden te gewagen!
Haar hebt ge 't een beloofd, vergun aan onze beê
Het ander; één gevoel treft ons om beider wee!

PRO-

PROMETHEUS.

Gij, wie uw deernis noopt den balling niet te laten,
Hoe wreed hem 't lot vervolgt, hoe fel de Goôn hem haten,
Wat zoude ik ooit uw beê, ontsproten uit een zucht
Van weldoen, afslaan? neen! En gij, schep eindlijk lucht,
Beklagenswaarde maagd! Wij zijn aan 't eind gekomen
Der rampen, die uw jeugd, uw onschuld overstroomen.
Ik meldde u langs wat weg gij uit dit werelddeel
't Naburig Azië zult intreên, een tooneel
Van nieuwen schrik. Hier hebt ge Phorcys kroost te mijden,
Wien beiden zon en maan 't weldadig licht benijden,
Het menschdom hatend, en van wederzij verfoeid
Door al wat sterflijk is. Een nest van slangen broeit
Op 't hoofd wiens aanschijn moordt. Wacht, wacht u haar te naderen!
Vermijd de reuzen ook die 't oevergoud vergaderen
Der Arimaspias. Met één oog uitgerust
Aâmt hun misvormd gelaat de moord- en plonderlust.
Gij, waan geen vreemdlings recht bij deze monsters heilig!
Nu opent zich voor u een landstreek, meerder veilig.
U buigt de Egyptenaar zijn schedel, zwart geblaakt
Door 't zonvuur, waar geen wolk een frisschen droppel slaakt!
Heil, heil u, wen de Nyl zijn zegenende golven

Zal

Zal rollen voor uw oog! Het lot, zoo lang verbolgen
Bevredigt zich; de grond, waarop gij d' eersten troost
Erlangt, is uw gebied, is 't erfdeel van uw kroost!
Ziedaar hetgeen me 't lot veroorlooft u te ontdekken:
En moog' die Godspraak u een nieuwen moed verwekken!
Of twijfelt gij, en heeft mijn taal nog duisterheid?
Spreek, wàar ik helpen kan, vindt me Iö steeds bereid!

DE REI.

Heb dank, doch duld met een dat wij nog meer verwachten!

PROMETHEUS.

Van 't geen 'k heb toegezegd, kunt gij u zeker achten.
O telg van Inachus! ten teeken dat mijn mond
Hier 't echte vonnis van het strenge lot verkondt,
Zal u mijn kennis zijn van reeds vervlogen tijden.
'k Zal hier heel d' omvang niet van uw langdurig lijden
Herhalen! Dat ge u slechts het uur herinn'ren mocht,
Toen gij Thesprotië en Dodones bosch bezocht!
Gij zaagt, terwijl gij vloodt, de Godgeheiligde eiken
Hun takken neigen naar den grond en tot u reiken,
En murmelen u toe: HEIL, GADE VAN JUPIJN!
Maar ach! dit kon geen troost bij zoo veel jamm'ren zijn.
Uw angst verdubbelde; de wanhoop gaf u krachten;

Gij

PROMETHEUS.

Gij vloodt langs 't strand der zee, die volgende geslachten
Benoemen zullen naar den naam dien gij nog draagt,
En ijldet naar dit oord! — Gij ziet, bedroefde maagd,
Dat ik uw noodlot ken! 'k Weet wat gij hadt te lijden,
En nog te lijden hebt; maar 'k spel u beter tijden.
Daar waar de Nyl zijn vocht aan 't zilte zeenat mengt,
Daar snelt der Goden Vorst u in 't gemoet. Hij wenkt:
Nu gaan uw smerten zich in louter vreugde keeren.
Zoo ver de Nijl zich strekt, zal uw geslacht regeeren.
Een fiere heldenstam zal spruiten uit uw schoot,
En bloeien de eeuwen door. Een hunner zal de nood
Met vijftig dochteren naar Argos wederbrengen,
Om aan zijn broeders bloed het zijne niet te mengen.
Vergeefs! In Argos zelf vervolgt een vijftigtal
Van minnaars 't huwelijk, dat hen verdelgen zal.
Want hier, hier moet de nacht geen minvlam zien ontbranden,
Maar tuigen mannenmoord, gepleegd door vrouwenhanden.
Slechts ééne, ééne enkle maagd ontziet haar echtgenoot,
En toont zich vrouw, en waard haar afkomst uit uw schoot.
Met haar geredden Gâ zal ze Argos rijkskroon dragen,
En hij, wiens heldendeugd heel 't aardrijk zal gewagen,
Dat hij verlossen moet van monsters zonder tal,

Die

Die me uit een foltering van eeuwen redden zal,
Moet spruiten uit dit bloed. Zie daar den wil der Goden,
En 't geen ik melden mag; en meer is mij verboden!

15.

Gezegend tijdstip, spoed, spoed aan!.....
Maar wat bedriegelijke waan
Gelogenstraft door de angst, waarvan 'k mij voel bespringen!
Neen! zelfs in d' afgrond van het graf
Hoop ik geen eind aan dees mijn straf!
Verheugt, verheugt u, hemelingen,
In 't geen onschuldige Iö lijdt,
En gij vooral, neem wraak, onzaalge minnenijd!
'k Bezwijk niet, neen! noch ben bestemd te sterven!
Ik ben bestemd van smart tot smart,
Van foltering in foltering te zwerven,
En enkel wanhoop is de toevlucht van mijn hart!

(*Zij vertrekt.*)

DE REI.

KEER.

Met recht, o sterveling, met recht
Schuwt gij een ongelijken echt!
De liefde stort in onafzienbre rampen,

Als

Als zij verbinden wil, hetgeen het noodlot scheidt.
Ge erkent u machteloos om tegen dit te kampen,
En wien bij u zijn gunst een troon heeft toegezeid,
Slaat op geen herdersmaagd een blik van tederheid!

TEGENKEER.

Rampzalige Iö, ach! uw lot
Sproot uit de liefde van een God!
Wie dacht haar ooit gedoemd tot zulk een lijden,
Om wie der Goden Vorst verliefde zuchten slaakt?
En wie, wie zou haar thans die hooge gunst benijden,
Daar Junoos minnenijd zoo vreeslijk om haar waakt,
En voor de onnoozle maagd een hel van de aarde maakt!

SLOTZANG.

Slaat nooit op ons, o Goden, de oogen neêr!
Zij ons een gâ bestemd van uit het rijk der zeeën!
Ons needrig hart verlangt niets meer,
En siddert om de bron van Iöos weeën!

PROMETHEUS.

En echter zal die trots zich eenmaal diep vernederen?
Dat hart zal beven, dat geen liefde kan vertederen,
Geen wanhoopkreet doordringt. Gij werkt uw eigen val,
Vrijmachtbre Jupiter! De vloek uws vaders zal
Zich eens vervullen! Ja, de grijze Godenkoning,
Verstoten door zijn zoon van uit de hemelwoning,
Moet zich gewroken zien, wanneer die zelfde zoon
Door eigen overmoed zal tuimlen van den troon!
Uw donder moge nog verschriklijk om ons grommen:
Eens zal zijn schrikgeluid in uwe hand verstommen!
Uw blikſem moog nog de angst verspreiden over de aard:
Voor al dien praal van macht is 't Noodlot niet vervaard!
De kroon wankt op uw kruin; gij zult uw gruwlen boeten!
Onmijdbaar is uw val, of 'k zie u aan mijn voeten!
Ziet gij den vijand niet, die u verpletten moet?
Met vlammen, ijslijker dan heel uw blikſemgloed,
Beſtormt hij uw Olijmp. Zijn hoofd reikt tot de ſtarren;
Hij trapt van krijgsdrift, en doet d'afgrond openſparren!
De bergen daavren, en de zee ontſpringt haar bed!
En gij, gij ſtort ter neêr! Van zulk een ſlag ontzet,
Ziet Pluto u vol ſchrik 't gebied der hel betreden;

Ter-

Terwijl het menschdom juicht, dat eindelijk zijn beden
Verhoord zijn door dat Lot, dat eenig 't Al regeert,
En dat de Goden zelf, als 't Hem behaagt, verneêrt!

DE REI.

Wat waanzin! laat, laat af dus Jupiter te tergen!

PROMETHEUS.

Wat zoude ik dees mijn wensch den dwingeland verbergen?
't Is waarheid, wat 'k verkond'! Daar leeft een hooger macht,
Uit wie de zijne daalt!

DE REI.

Maar nog, nog heeft hij kracht
U om zoo stout een taal op 't ijslijkst te kastijden.

PROMETHEUS.

Mijn dood vermag hij niet, en 'k heb geleerd te lijden.
Verneêre zich wie wil voor dwingelandentrots!
Prometheus kent geen vrees; zijn boezem is van rots,
Wanneer het rechten geldt die hij niet mag verzaken! —
Maar 'k zie Mercurius dít eenzaam oord genaken.
Wat of zijn komst ons brengt? — De bode van Jupyn,
Den Oppervorst der Goôn, zal hij niet lang meer zijn!

PROMETHEUS.

ZEVENDE EN LAATSTE TOONEEL.

PROMETHEUS, DE REI, MERCURIUS.

MERCURIUS.

Hardnekkige, wiens list het heiligste aan dorst randen,
En Goôn verachten; die met doemenswaarde handen
Het vuur, tot hunnen dienst ontglommen, aan 't geslacht
Der slijkbewoon'ren, als uw eigen weldaad, bracht!
De Koning van de Goôn gebiedt u mij te melden,
Wat gruwzaam huwelijk uw woeste orakels spelden
Dat hem van 't wettig rijk een dag verstoten zou!
'k Verwacht, Prometheus, hier geen tegenstand. Ontvouw
De waarheid zonder kunst en trouweloos verdichten!
Of waant gij dat Jupyn voor uwen wil zal zwichten?

PROMETHEUS.

'k Erken in deze taal en schaamtloos trotschen toon
Den zendling van een Vorst, zijn scepter ongewoon.
Onnooslen! waant u vrij in uwe hemelwallen
Beveiligd tegen 't lot! 'k Zag reeds twee Goden vallen
En zinken van hun troon in d' afgrond. Dieper schand
Verwacht bij sneller val den derden dwingeland!

En

En mij, mij zou 't geweld dier pas verheven Goden
Doen siddren? Mijn gemoed zich krommen voor die snooden?
Ga, Jongling, keer te rug naar die u herwaarts zond!
Het antwoord dat gij vergt komt nimmer uit mijn mond!

MERCURIUS.

Die hoogmoed heeft zints lang u 't levenszoet verbitterd.

PROMETHEUS.

Voor al den hemelglans, waarvan uw slaafschheid schittert,
Ruilde ik de wreedheid niet van 't noodlot dat ik lij'.
Geketend aan dees rots, mijn foltertuig, maar vrij,
Zie 'k met verachting neêr op u en uws gelijken,
Die voor dit nieuw gezag met kruipende eerbied wijken.

MERCURIUS.

Zoo is de droeve staat, waarin gij thans verkwijnt,
Nog zalig in uw oog, zoo 't uit uw reednen schijnt?

PROMETHEUS.

Treff' zulk een zaligheid mijn vijanden! 'k Benijde
U 't laf genoegen dier bekentnis niet, ja, 'k lijde,
En plagen, zoo als gij verdiend had te ondergaan!

MERCURIUS.

Hoe! ik? Wat heb ik toch tot uwe ramp misdaan?

PROMETHEUS.
Mijn fel getergde hart kan geen der Goôn verschoonen,
Die met een ijzren hart mijn braafheid dus beloonen!

MERCURIUS.
Wat woeste ziekte heeft uw geestkracht dus ontsteld?

PROMETHEUS.
De haat voor laagheid en voor wetteloos geweld.

MERCURIUS.
O! zoo gij heerscher waart, wat lot werd ons beschoren!

PROMETHEUS.
Helaas!

MERCURIUS.
In 't hemelsch hof doet nooit zich weeklacht hooren!

PROMETHEUS.
De tijd treedt langzaam voort, en voert mijn antwoord meê.

MERCURIUS.
Zoo weigert gij dan steeds voldoening aan mijn beê,
En laat mij zonder vrucht, gelijk een slaaf, hier wachten!

PROMETHEUS.
Slaaf zijt ge, en als een slaaf zal ik u immer achten!
Maar wat toch geeft u hoop dat ik verandren zal,
Voor dat dees vuige boei van om mijn leden vall'?

Geen

Geen straf, geen pijniging, geen loos bedachte vonden
Doen ooit mijn veege borst de orakelstem verkonden.
Zoo plettere de schicht des Donderaars mijn kruin,
En keer' zijn dolle storm heel 't aardrijk tot een puin!
Ik buig niet, en 't geheim dat hem zoo wreed doet zorgen,
Blijft voor zijn angstig oog, zoo lang hij heerscht, verborgen.

MERCURIUS.

Wat baat dit aan uw leed?

PROMETHEUS.

Ik heb het dus bepaald.

MERCURIUS.

Ontzie de stormen, die den weg waarop gij dwaalt
Bedreigen, en keer weêr!

PROMETHEUS.

O! staak dit ijdel pogen!
Gij hadt dees strandrots eer dan mijn gemoed bewogen.
Ik voer geen vrouwenbloed, om bevend voor een troon
Te knielen, of den glans van een geroofde kroon
Te aanbidden, recht en eer lafhartig te verlaten,
En smeken om de gunst van wien 'k het felst moet haten!
In zulk een gruwelstuk vervalt Prometheus niet!

MERCURIUS.

Vergeefsch dan is de raad, dien u mijn vriendschap biedt.
Geen rede kan het staal van uw gemoed doordringen.
Maar vruchtloos worstelt gij om u den nood te ontwringen,
Als 't jong en vurig ros, dat in zijn teugels woedt:
Als hij zult ge in het end bezwijken. De overmoed
Baat weinig, waar geen macht gereed staat haar te sterken.
Doch is geen bede in staat uw redding te bewerken,
Zoo hoor voor 't minst het lot, verhonderdvuldigd wreed,
Dat langer tegenstand u zal berokk'nen. Weet
Dat Jupiter dees rots van uit zijn wortel rukken,
U zelven, door de lucht geslingerd met zijn stukken,
Geen rustplaats gunnen zal, dan in het diepst der hel.
Daar opent zich voor u een nieuwe jamm'renwel;
Daar zult ge uw vrijheid in nog schrikbrer boei betreuren;
Daar zal u de de adelaar het ingewand verscheuren,
Herlevend telkens tot vernieuwing van een pijn,
Uw Godenleven lang bestemd uw straf te zijn;
Zoo niet een held verrijst, die in het rijk der plagen
Met onvertsaagden voet zich levende durft wagen,
En u te rug voert in het lang gemiste licht.
Beraad u naar dit kort, maar onvervalscht bericht

Der

Der toekomst! 't Past geen God, door Jupiter gezonden,
Verachtbre striktaal voor orakels te verkonden.
En o! dat niet altoos onbuigbre hovaardij
U meer dan wijsheid, meer dan heel uw aanzijn zij!

DE REI.

Uw rede, zendling van Jupyn, heeft ons bewogen.
Ja, overdreven trots, Prometheus, blindt u de oogen!
Durf ze oopnen! 't Is den man, die wijsheid mint, geen schand
Zich te onderwerpen aan den invloed van 't verstand.

PROMETHEUS.

Om mij mijn toekomst te openbaren
Had ik geen hemelboô van nooden. 'k Ken Jupyn:
Wat dan zijn felste haat kon mij beschoren zijn?
Het onweêr moog zich om mijn hoofd vergâren!
Ontbrand' de bliksem van rondom,
En laat zich 't woedende gegrom
Der stormen aan 't geknal des schorren donders paren!
De bevende aarde splijte, en oopne zich de hel!
En dat de zee tot aan de wolken zwell'!
Laat mij die zelfde schok in 't diepst des afgronds voeren,
Waar een onbreekbre band mijn leden klemmen zal!

Geen kwelling zal mijn vrij gemoed ontroeren!
Mijn leven en mijn wil zijn hooger dan 't geval!

MERCURIUS.

Zijn onbetembre zinnen dwalen!
De vrees der opgehoopte kwalen,
Die hem bedreigen, voert de rede hem niet weêr!
Gij schoone Nimfenrei, wier troost hem bijstaat, keer
Naar veilger oord, en dat een snelle vlucht u hoede
Voor 't enkele geraasch van 's hemelskonings woede!

DE REI.

Wij volgen nimmer dezen raad;
Hij is ondraaglijk aan onze ooren!
Ik heb den lafaart steeds gehaat,
Die d' ongelukkige overlaat
Aan 't onheil dat hem staat beschoren.
Wij deelen in zijn jammerlijken staat,
En koozen, kon het zijn, eer met den held te sneven,
Dan met den smet van snood verraad te leven.

MERCURIUS.

Zoo wijt u zelve 't kwaad dat u bereiken moog',
En waagt het nimmer op Jupyn de schuld te laden,

Als

Als of 't u dreigend leed ontgaan was aan uw oog!
Gewaarschuwd voor zijn toorn, zijt gij 't die onberaden
    U in gevaren storten gaat,
Waarin geen naberouw uw roekeloosheid baat!
              (Hij vertrekt.)

PROMETHEUS.

De Godspraak wordt vervuld: de daavrende aarde
Scheurt weg: het bliksemvuur, dat zich aan 't zwerk vergaarde,
Is losgebroken, en geheel de trans ontgloeit:
    De donder gromt, de noodstorm loeit:
Het stof stijgt op in reuzige kolommen:
De zee, ontwassen aan haar perk, is opgeklommen
Tot aan de hemelen, die neigen tot hun val!
    't Is alles zaamgespannen in 't Heelal,
  Om mijn gemoed tot slavernij te dwingen!
Gij, Godheid, waar 'k uit wierd, die over stervelingen
En Goden 't alziend oog, de tijden door, laat gaan!
Getuig gij wat ik lijde, en wat ik heb misdaan!
              (Hij verdwijnt.)

Agamemnon, Koning van Argos, van het beleg van Troje te rug komende, wordt door zijn eigen echtgenoote, Clytemnestra, en haren overspeligen minnaar, Egisthus, verraderlijk omgebracht; en met hem, de Trojaansche Prinses Cassandra, die hij gevankelijk met zich gevoerd had. Het is bekend dat deze Vorst een zoon was van Koning Atreus, zoo berucht in de oudheid door zijn wederkeerigen haat tegen zijn broeder Thyestes, Egisthus vader. Zie daar de geschiedenis waarvan Eschylus zijnen AGAMEMNON heeft gevormd. Het fragment, dat hier in het Nederduitsch onder den naam van CASSANDRAAS VOORZEGGING gegeven wordt, stelt het tooneel van dit stuk voor, alwaar Cassandra, die van Apollo de gave van wichelarij in vroeger tijd reeds had ontvangen, Agamemnons en haar eigen naderend uiteinde aan een Rei van Argivische Grijzaarts, die niets dergelijks vermoeden, aankondigt.

Het tooneel speelt voor den ingang van het vorstelijk paleis, alwaar Cassandra in een wagen zittende een weinig te voren is aangekomen. Verdere ophelderingen, waar die noodig mochten zijn, blijven voor de aan het slot geplaatste Aanteekeningen bewaard.

CASSANDRAAS VOORZEGGING.

CLYTEMNESTRA, CASSANDRA, DE REI.

CLYTEMNESTRA *tot Cassandra.*

Stijg af, en volg mijn schreên, Cassandra! Zoo de Goôn
U redloos teisterden met Trojes staat en troon,
En doemden tot slavin, bij 't zinken van haar wallen;
Geen harde slavernij is u te beurt gevallen!
Ach! kluisters vielen vaak ten deel aan 't edelst bloed!
Heeft niet ook Hercules des noodlots toorn geboet
En ketenen getorscht? — Bevoorrecht moogt ge u roemen,
Dat gij geen anderen dan Vorsten heer moet noemen!
Verplettend is de last van opgekomen macht:
De hand, den toom gewoon der heerschappij, is zacht.

DE REI.

Verstandig is dees taal. Gij, vreemde, leer de slagen
Van 't noodlot met geduld (het morren baat niet) dragen!

CLYTEMNESTRA.

Zij onderwerpe zich aan een onmijdbre smart!
De troost, dien ik haar bied, dringt zeker haar door 't hart,
Zoo slechts 't barbaarsch gehoor zich aan de Grieksche klanken
Niet weigere!

DE REI *tot Cassandra.*

Gij moogt uw koninginne danken
Voor zulk een wijzen raad en volgen dien gedwee!

CLYTEMNESTRA.

'k Heb reeds te veel vertoefd. Reeds bracht men 't offervee
Bij 't plechtig feestaltaar. Erkentlijk vier ik heden
Den dag der wederkomst, zoo vurig afgebeden!

(*Tot Cassandra.*)

Gij, doe u voor het minst door teekenen verstaan,
Zoo de uitdruk u ontbreekt!

DE REI.

'k Ben met haar lot begaan!
Aan taal en zeden vreemd heeft zij hier hulp van nooden!

CLYTEMNESTRA.

Weêrspannig toont zij zich aan 't vonnis van de Goden,
En om den val van Troje is ze innig nog verwoed!
Dus poogt zich 't vurig ros, bespat met schuim en bloed,

Te

VOORZEGGING.

Te ontworstlen aan de hand des ruiters. Wat kan 't baten?
Bedaar' haar ijdle drift! Voor mij, 'k moet u verlaten.
(Zij vertrekt.)

DE REI.

Geen wrevel vult ons hart, maar deernis met uw rouw!
Geef onze stem gehoor, stijg af, rampzaalge vrouw!

CASSANDRA.

Uw bijstand smeke ik, God der dagen!

DE REI.

Hoe durft ge van Apol in dees uw toestand wagen?

CASSANDRA.

Apol, uw bijstand roepe ik aan!

DE REI.

Wat klanken doet gij ons verstaan?
Men roept dien God niet aan, om zich van leed te vrijden!
Die uitgalm dient tot niets, dan om zijn naam te ontwijden!

CASSANDRA.

Toon u dees dag voor 't eerst weldadig jegens mij!
Apol, Apol, uw bijstand heb 'k van nooden!

DE REI.

De toekomst vult haar 't hart. Nog in de slavernij
Voelt zij zich weggesleept door d' invloed van de Goden!

CASSANDRA.
Apol, waar heeft mij 't lot geleid?
Apol, wat leed wordt mij bereid?
Waar ben ik? In wat oord ben ik gelast te woonen?

DE REI.
Gij zijt aan 't hof van Koning Atreus Zoonen!

CASSANDRA.
O schrikkelijke naam! Zoo ben ik in het oord,
Waar op de vloek rust aller Goden,
't Verblijf der meest ontmenschte snoden,
Waar alles steeds getuigt van gruwelen en moord!

DE REI.
Nog deed de tijd het bloed, hier eens gestort, niet droogen!
Der vreemde Wichlares gloeit deze smet in de oogen!

CASSANDRA.
Ziet gij die kinderen niet zweven langs de wand,
Die wraakzucht's godvergeten hand
Deed sneven, en voor spijs den vader voor dorst zetten?

DE REI.
Laat af, o Wichlares! Wil 't hart ons niet verpletten
Met die herinnering. We erkennen in uw mond
De ware orakeltaal; maar spaar ze ons op dees stond!

VOORZEGGING.

CASSANDRA.

'k Zal niet meer reppen van 't voorleden!
De toekomst, die ik zie, voert erger gruw'len meê!
Paleis van Atreus stam, tooneel van ijslijkheden!

Verwacht, verwacht een nieuwe zee

Van jammeren, niet af te weeren! —

Die ze éénig weeren kon, ziet gij helaas! niet keeren! (*)

DE REI.

Hoe moet ik deze taal, dees duistre taal verstaan?

CASSANDRA.

Verraderes, wat vangt gij aan?
Hoe is mijn mond in staat uw misdaad uit te spreken?

O! met hoe valsch een voorhoofd spoedt

Ge uw egâ juichend in 't gemoet!

Uw eene hand omhelst, en de andere stort bloed! —
Mijn stem, gij weigert u! Mijn oogen, 'k voel u breken!

DE REI.

De klanken die gij slaakt zijn telkens meer verward!

CASSANDRA.

Hoe pijnigt 't geen ik zie mijn hart! —

De hel, de hel-zelf legt hier lagen,

(*) Orestes, Agamemnons zoon.

En broeit een nooit gehoord verraad!
Hier moet een vrouw den aanslag wagen,
En drukken hem aan 't hart, dien zij vermoorden gaat!
Heft, heft den vloekkreet aan, ô eerbiedwaarde grijzen!
En doet uw stad van haar beheerschers ijzen!

DE REI.

Een vloekkreet op dit huis! Wat vergt gij van mijn trouw?
Onthou ons zulk een taal, meêlijdenswaarde vrouw!....
Maar hemel! waar van daan verbleeken mij de wangen?
Van welk een angst voel ik mijn boezem prangen,
Of 't ware een doodelijke slag
Mijn oogen dicht sloot voor den dag?
Iets gruwzaams schijnt voorwaar ons over 't hoofd te hangen!

CASSANDRA.

Wat draalt ge? Ontrukt, ontrukt den Vorst
Aan de armen van een trouwelooze Gade,
Eer zij zich in de stroomen bade
Van 't bloed, waar naar de wraakzucht dorst!

DE REI.

O duistre orakeltaal, die ik niet uit mag leggen!
Ik sidder voor uw donkren zin!
Ach! 't geen ons Wichelaars voorzeggen
Heeft al te zelden voorspoed in!

VOORZEGGING.

CASSANDRA.

O mijn te lang gerekte dagen!
Zou 'k om het vreeslijk eind niet klagen,
   Dat u op vreemden bodem wacht?
   Op Trooischen grond mocht ik niet sterven!
O ongelukkig Vorst, gij hebt mij hier gebracht
   Om met u 't levenslicht te derven!

DE REI.

Wat God bezielt den toon, die uit uw boezem welt?
De zangerige stem, die dus in klachten smelt,
   Is als de stem der nachtegalen,
     Wanneer ze 't nooit vergeten leed,
     En Itys noodlot, al te wreed,
   Aan 't luisterende bosch herhalen!

CASSANDRA.

Uw lot is zacht bij 't mijn, o Philomeel!
Het Godendom, meêwarig met uw klachten,
   Deed u op dunne vleugelschachten
     Het hartverscheurende tooneel
Ontvlieden, en door kweelende gezangen
     Den doffen wanhoopkreet vervangen!
      En mij! Weet gij wat lot mij wacht?
Te stikken in mijn bloed, door monsters omgebracht!

DE REI.

Wat zwarte toekomst doet ge ons vrezen!
Maar hoe betoovert ge ons gehoor!
Een godlijke invloed straalt in al uw woorden door:
Hetgeen gij spelt, moet waarheid wezen!

CASSANDRA.

O Paris, Paris! ijslijk boet
Ons droef geslacht uw overmoed! —
Scamander, wiens verlaten stroomen
Nog rood zien van het Trooische bloed!
Ontfang mijn verren afscheidsgroet!
De tijd is in het end gekomen,
Dat mij Cocytus sombre boord
De wichlarijen slaken hoort,
Zoo vaak versmaad in uw nabijheid,
Toen ik den val voorzag van Trojes roem en vrijheid!

DE REI.

Helaas! het blijkt, het blijkt te zeer,
Dat ge ons iets ijslijks hebt te spellen!
'k Bevroed het uit dees toon van wanhoop, maar nog meer
Uit de angsten die mijn eigen hart beknellen!

VOORZEGGING.

CASSANDRA.

O afschrikbarend lot van een gevallen stad!
O Troje, Troje! vruchtloos had
Mijn vader uw behoud door zoo veel duizendtallen
Van offeranden afgebeên!
Ik zag, helaas! uw muren vallen,
Uw vorsten in het stof vertreên!
Uw vorsten, wie de Goôn, als heel hun rijk verfoeien!
Mijn bloed alleen ontbrak hun woede nog; 't zal vloeijen!

DE REI.

Hoe kwelt die Godheid u, wier adem u bezielt!
Die invloed is geen gunst, maar foltring, niet te dragen!
De komst vooruit te zien van zulke schrikbre dagen
Verdubbelt slechts het kwaad, terwijl 't de hoop vernielt!

CASSANDRA.

Welaan! mijn angstig hart, van sombre orakels zwanger
Geev' zich in 't einde lucht! 'k Omwikkel thans niet langer
De waarheid die ik zie in woordenduisterheid!
Verschijne dan voor u de toekomst, ons bereid!
Gij, volgt mijn schreên, en voer' mijn hand u tot de boorden
Diens Oceaans van ramp, die al te dra deze oorden
Moet overweldigen! — Herdenkt den vroeger tijd!

Is, is dit schrikpaleis niet aan den vloek gewijd
Der Eumenieden? Ziet! den roodgevlekten drempel
Omzwerven zij verwoed, en merken met den stempel
Der onontgaanbre wraak geheel dit schendig oord,
Tooneel van broederhaat, van overspel, en moord,
En kinderslachting, die de Zon te rug doet treden....
Wel nu! ben 'k onderricht van 't weggesneld voorleden?
Slaat men mijn wichlarij nog roekloos in den wind?
Ziet ge enkel in dees taal een vrouw, van smart ontzind?
En kent gij d'invloed van een Godheid niet? Spreekt, grijzen!
Deelt me u gevoelens meê!

DE REI.

Uw woorden doen mij ijzen!
Ach! verg niet dat ik spreek'!... Van de overkant der zee
Kwaamt gij! Wie leerde u dus 't aloud en erflijk wee
Van Argos Koningstam?

CASSANDRA.

U heb 'k die gunst te danken,
Apol! Uw aâm bezielt dees borst met hemelklanken!
En 't menschdom niettemin is voor mijn woorden doof!

DE REI.

Helaas! maar al te veel verdient gij zijn geloof!

CAS-

VOORZEGGING.

CASSANDRA.

Op nieuw grijpt mij de geest der Godheid aan! De dagen
Der toekomst dreigen wraak, en naadren, zwaêr van plagen!
Zijn niet die knapen, die den ingang van 't paleis
Bewaken, uit het graf herrezen, om den eisch
Van 't Lot voldaan te zien, en hunnen moord gewroken?
O! slaat de houding gâ dier onverzoende spoken!
Zij wijzen op den disch, die met hun vleesch en bloed
Beladen (groote Goôn!) hun vader heeft gevoed!
De schuld uws vaders gaat gij boeten, o mijn Koning!
Een wolf, verhit op moord, sloop in de vorstenwoning,
En loert daar, in den nacht gewikkeld van 't verraad,
Het lang berekend uur der wraak af! Ach! het slaat!
Gij valt, doorluchte Vorst! Verwinnaar der Trojanen,
Gij valt! Uwe echtgenoot, die met geveinsde tranen
U in haar armen drukt, biedt offers aan de Goôn
Van vreugde, dat ze in 't end haar gade in 't rijk der doôn
Mag neêr doen storten! O voorbeeldelooze woede!
O opzet, bloediger dan immer tijger broedde!
O vrouw, vloekwaarder dan Charybdis, als haar schoot
Den scheepling inzwelgt, en weer opgeeft aan den dood!
Uw naam te noemen is me een gruwel! Ja, de zegen

Is u! Gij roept die uit, en de afgrond juicht u tegen!...
Gij siddert, eedle rei?.... maar twijfelt aan mijn reên?
Hoe! sluit gij de oogen nog voor 't licht?... Wat zeg ik? neen!
Houd, houd dien twijfel vast! te dra zult gij hem derven,
En ik mijn wichlarij bezeeglen met te sterven!

DE REI.

Ik ken de gruw'len die gij meldt: Thyestes disch,
En al 't onschuldig bloed, dat hier vergoten is!
Maar ach! wat baat het u een toekomst te verkonden,
Waarvoor ons hart zich sluit, en die 't niet kan doorgronden?

CASSANDRA.

Dat Agamemnon nog op heden sterven moet,
Zie daar wat ik u spel!

DE REI.

        Dat ons de Hemel hoed'!

CASSANDRA.

Kan 't woord eens stervelings den wil van 't Lot doen falen?

DE REI.

Neen! maar kent gij dien wil? Ook wichlaars kunnen dwalen!

CASSANDRA.

O hemel! welk een vlam doortintelt mijn gemoed!
De dwang der Godheid is 't, die mij nog spreken doet!

                              Ik

VOORZEGGING.

Ik zie de tijgerin den fieren woudvorst zoeken!
In blakend ongeduld elk oogwenk toevens vloeken!
De laffe deelgenoot van haar ontuchtig bed,
Egisth verzelt haar schreên: de dolken zijn gewet:
Hun zegepraal genaakt: uw sterfstond is gekomen,
O Argos groote Vorst! en ook mijn bloed gaat stroomen!—
Weg! dorre kransen! en gij, ijdle wichlaarstaf,
Lig daar! Wat baat ge mij in 't naar mij gapend graf?
Wat hebt ge mij gebaat in 't bloeien van mijn leven,
Toen ik de heilge gaaf, mij door de Goôn gegeven,
Van vijand beide en vriend miskend zag en bespot,
Terwijl mijn hooploos hart den wil doorzag van 't lot?
Onzaal'ge hulsels! weg! Versiert eens anders haren!
Gij kunt een andre kruin thans met het leed bezwaren,
Dat zoo lang woog op mij! Hier, hier wenkt mij de hand
Des' langgewenschten doods! Ver van mijn vaderland
Verrees in dezen dag de laatste van mijn dagen!
Want zelfs aan 't vlietend bloed van mijn vermoorde magen
De stroomen van het mijn te mengen, werd me ontzeid,
En 'k werd gespaard voor 't lot, dat mè op dees grond verbeidt!
Doch onze laatste zucht zal niet met d' aâm der winden
Vervliegen, en onze asch haar wreker eenmaal vinden,

Mijn koning! 't Is uw zoon, thans zwervende over de aard!
Hem voert een godheid hier, om 't onmeêdoogend zwaard
Zijn moeder door het hart te stooten, tot verzoening
Der felvertoornde Goôn, en onze wraakvoldoening! —
Maar 'k staak mijn klacht in 't end. De dood is mij geen leed!
Zag 'k niet den val van Troje? — Ach! die haar zinken deed
Derft dra met mij het licht! Verwinnaar en gevallen
Hervinden zich in 't graf! één lot veréént ons allen!
Zoo vloeie dan mijn bloed het kwijnend lichaam uit!
En spoed u, stervensuur! O! reeds van zelven sluit
Mijn oog zich voor deze aard en al haar ijslijkheden!
Verblijf der rust, ontfang me! Ik heb te lang geleden!

DE REI.

O ongelukkige! het zij ge waarheid meldt,
Het zij zich uw gemoed met hersenschimmen kwelt!
Maar hemel! waar van daan bij de aaklige bewustheid
Van 't dreigendste gevaar die wondre zielsgerustheid?

CASSANDRA.

Mijn uiteinde is bestemd: 'k zie 't naadren zonder schrik!
Gelatenheid verzoet het stervensoogenblik!

DE REI.

O stervling! leer van haar, zoo lang des voorspoeds dagen
Zacht

VOORZEGGING.

Zacht henenrollen, u in 't onheil meê gedragen!

CASSANDRA.

O mijn verdelgd geslacht! 't uur onzes weêrziens slaat!

(Zij wil in het paleis treden, maar deinst met afgrijzen te rug.)

O gruwel!

DE REI.

Wichlares! Wat nieuwe siddring gaat
U aan, dat zich uw tred niet op den drempel veste!

CASSANDRA.

't Is de adem van den dood, die reeds dit oord verpeste!

DE REI

O overmaat van schrik!

CASSANDRA.

'k Verlate u in het end!
't Geen thans gebeuren gaat, maakte-u mijn mond bekend!
Herdenkt mij, grijzen, als ons beider bloed zal stroomen!
Herdenkt mij, als de tijd der hemelwraak zal komen;
Wanneer uws konings kroost der overspeel'ren bloed
Aan vaders gramme schim ten offer plengen moet!
Herdenkt mij dan, en tuigt Cassandraas laatste klanken!
Één woord nog! Aan den God, wien ik de gaaf moet danken

Die

Dier droeve wichelkunst, met zoo veel leeds betaald!
O Zonnegod, wiens gloed mij hier voor 't laatst bestraalt!
Doe haast den dag der wraak aan deze kim ontluiken,
Dag, die der snooden trots en zegepraal zal fnuiken,
Gekwetste vorsteneer herstellen, en dit oord
Bevrijden van den smet van laffen vrouwenmoord! —
Zoo is het menschlijk lot! Het heden te vertrouwen,
Is op de wenteling der holle zee te bouwen!
Denk, stervling, aan den les van reeds beproefden nood,
En, midden in uw heil, wacht tegenspoed en dood!

(Zij ijlt naar binnen.)

AANTEEKENINGEN.

Bladz. 1.

DE WRAAKGODIN.

Het oorspronkelijk Grieksch voert hier een dubbele persoon (KRACHT EN GEWELD) ten tooneele, om Vulcaan in het volbrengen van Jupiters last te helpen. Ik heb gemeend, dat in eene Hollandsche overbrenging deze rol gevoegelijk aan het meer bekende personaadje van de Wraakgodin of Nemesis kon opgedragen worden.

Bladz. 3. v. 7 en 8.

MAAR HOE NAAUW HET HARTE KLEEFT AAN MAAGSCHAP, WEET GIJ NIET.

Iäpetus, Prometheus vader, was een der zonen van Uranus en de Aarde, Titans genoemd, en alzoo broeder van Cronus of Saturnus, den grootvader van Vulcaan.

Bladz. 6. v. 8.

AAN KLOEKEN RAAD WAS ZELFS DE KLANK UWS NAAMS VERWANT.

De Grieksche naam van Prometheus geeft de eigenschap van voorzichtigheid te kennen.

Bladz. 11, reg. 3 en volg.

EN ECHTER ZAL DEES ROTS WELDRA HET UUR GETUIGEN enz.

Deze voorzegging wordt bewaarheid in het laatste tooneel.

Bladz. 17. v. 6.

'T IS NIET HET GODENBLOED ALLEEN, DAT BEIDER ADEREN enz.

Oceaan was een zoon van Uranus en de Aarde.

Bladz. 20. v. 8.

MIJN BROEDER ATLAS enz.

Atlas was niet de zoon, gelijk Oceaan, maar de kleinzoon van Uranus, door Iäpetus. Oceaan noemt hem hier broeder, omdat hij mede onder den algemeenen naam der Titans begrepen werd, en in hunne zaak en lotgevallen in den oorlog tegen Jupiter gedeeld had.

Bladz. 20. v. 10.

OOK TYPHOOS LOT WAS HARD.

Een reus, geboren uit den Tartaar en de Aarde, die mede den oorlog tegen de hemelgoden had helpen voeren.

Bladz. 26. v. 1 van ond. en volg.

AAN MIJ MEÊ, DAT DE TAAL, DIE UIT DEN BOEZEM BREEKT enz.

Wien deze verzen niet duidelijk zijn, raadplege de onlangs in het licht verschenen Verhandeling van den Heer Mr. BILDERDIJK over den oorsprong van het Letterschrift, en hij zal daar het eenige systema over dit onderwerp vinden, dat den Dichter waardig is, en den Wijsgeer, die waarheid zoekt, voldoen kan. Dat ik hetzelve Prometheus in den mond legge, behoeft, denk ik, geene rechtvaardiging.

Bladz. 32. v. 8 van ond. en volg.

DOOR 'T DUIZENDOOGIG SPOOK enz.

Iö, dochter van den Stroomgod Inachus, door Jupiter bemind en verleid, werd door de ijverzucht van Juno in eene koe veranderd en aan de wacht vertrouwd van een monsterachtig herder, Argus geheten., en met honderd oogen toegerust. Dezen wachter deed Jupiter door Mercurius ombrengen. Doch dit bevrijdde Iö van haar leed niet. Juno joeg haar een geweldigen schrik aan, en deed ze alzoo een gedeelte der aarde doorzwerven, tot dat ze eindelijk in Egypte rust vond, Jupiter een zoon baarde, en als Godesse vereerd is geworden.

Bladz. 33. v. 1.

NOG RUISCHT DE TOON DER RIETPIJP DOOR MIJN ZINNEN enz.

Mercurius, namelijk, had Argus door het geluid eener rietpijp in slaap gezongen, en hem in den slaap van kant geholpen.

Bladz. 36. v. 6.

GIJ HEBT DE ZUSTEREN VAN INACHUS GEHOORD.

Inachus werd, als alle Stroomgoden, voor een zoon van Oceaan gehouden.

Bladz. 37. v. 13.

EN DE EIKENBOOMEN ZWEGEN.

De eikenboomen van het Dodoneesche bosch werden gezegd geluid te geven en orakels te verkondigen.

Bladz. 37. v. 1 van ond. en volg.

MIJN VOORHOOFD, EENS ZOO FIER enz.

Men neme in acht, dat de Dichter de zwervende Iö wel onder eén menschelijke vorm ten tooneele voert, maar tevens, ter herinnering aan Junoos vervolging, met horens op het voorhoofd.

Bladz. 40. v. 6 en volg.

EN DE ENGE ZEE GETOOND, DIE GIJ MOET OVERVAREN enz.

Versta de tegenwoordige zeeëngte van Caffa, eertijds Bosporus (*overvaart der koe* in het Grieksch) genaamd, ter geheugenis van Iöos overvaart in hare viervoetige gedaante.

Bladz. 43. v. 9 en volg.

HIER HEBT GIJ PHORCYS KROOST TE MIJDEN.

Drie in de fabel zeer vermaarde zusteren, waaronder Medusa vooral, die zich beurtelings van één oog, aan alle drie gemeen, bedienden.

Bladz. 43. v. 15.

DER ARIMASPIAS.

De Arimaspias was een rivier in Scythië, dus genaamd naar hare oeverbewooners, de Arimaspen.

AANTEEKENINGEN.

Bladz. 45. v. 11.

EEN HUNNER ZAL DE NOOD enz.

Men kent de geschiedenis der vijftig dochters van Danaüs, die, om het huwelijk van Egyptus vijftig zoonen te ontgaan, haar geboorteland Egypte verlieten, en in Argos een schuilplaats zochten. Doch ook daar door hare minnaars vervolgd, gingen zij het opgedrongen huwelijk aan, maar brachten hare jonge echtgenooten, op huns vaders bevel, in den eersten bruiloftsnacht om. Een enkele, Hypermnestra, ontzag haar gemaal, redde hem, en besteeg vervolgens met hem den troon van Argos. Egyptus en Danaüs waren broeders, zoonen van Belus, den kleinzoon van Iö uit Epaphus.

Bladz. 50. v. 3 van ond.

'K ZAG REEDS TWEE GODEN VALLEN.

Uranus werd door zijn zoon Cronus, en deze op zijn beurt door zijn zoon Jupiter uit den hemel verjaagd.

Bladz. 61. v. 6 en 7.

HEEFT NIET OOK HERCULES DES NOODLOTS TOORN GEBOET EN KETENEN GETORSCHT?

Dit moet verstaan worden van den tijd van zijn verblijf aan het hof van Omphale, Koningin van Lydië, op wie hij smoorlijk verliefd was, en die zoo veel invloed op hem had, dat zij hem vrouwenwerk liet verrichten.

F

Bladz. 62. v. 3.

ZOO SLECHTS 'T BARBAARSCH GEHOOR enz.

Barbaarsch noemden de Grieken al wat vreemd was.

Bladz. 64. v. 6 van ond. en volg.

ZIET GIJ DIE KINDEREN NIET ZWEVEN LANGS DE WAND enz.

Atreus, woedend om het tusschen zijne echtgenoote en zijn broeder Thyestes gepleegd overspel, had twee van Thyestes kinderen omgebracht, hun vleesch doen toebereiden, en op huns vaders disch plaatsen. Naar het verhaal der fabel deed deze verschrikkelijke wraak de Zon van afgrijzen te rug gaan, en riep den vloek der Goden op geheel het huis der Pelopieden, dat te Argos regeerde. De gebeurtenissen, die het onderwerp van den AGAMEMNON uitmaken, waren het gevolg hiervan.

Bladz. 67. v. 11.

EN ITYS NOODLOT, AL TE WREED enz.

Philomele, door haar schoonbroeder Tereus geweldadig geschonden, klaagde haar leed aan hare zuster, Tereus echtgegenoote, en ontstak die in zulk een woede, dat zij haar eigen zoon Itys ombracht, en den vader met zijn vleesch spijsde. Alle die ongelukkigen verwisselden na deze gebeurtenis van gedaante en wezen, en Philomele werd in een nachtegaal herschapen, in wier smeltende toonen de oudheid een klacht over Itys dood waande te bespeuren.

Bladz. 70. v. 2 van ond.
EN 'T MENSCHDOM NIETTEMIN IS VOOR MIJN KLANKEN DOOF.

Apollo had Cassandra met het vermogen van wichlarij begaafd, in de hoop dat zij zijne liefde voldoen zoude. Zij weigerde dit: en, daar de God haar de eens verleende gaaf niet weder ontnemen kon, voegde hij er tot straf bij, dat hare voorzeggingen door niemand geloofd zouden worden. Het oorspronkelijke geeft hier *détails* van, die wij gemeend hebben te kunnen achterlaten.

Bladz. 71. v. 3. van ond.
O VROUW VLOEKWAARDER DAN CHARYBDIS, enz.

Charybdis is bij de Ouden eene vrouw, die, om dat ze Hercules bestolen had, van den bliksem getroffen en in de Middellandsche Zee geworpen was, alwaar zij aan een vreesselijken kolk den naam gaf.

EINDE.

ALFONSUS DE EERSTE.

ALFONSUS

DE EERSTE,

TREURSPEL;

DOOR

I. DA COSTA.

Te AMSTERDAM, bij
P. DEN HENGST & ZOON.
MDCCCXVIII.

VOORBERICHT.

Omstreeks het einde van de Elfde Eeuw werd een aanmerkelijk deel van het tegenwoordige Portugal door een vreemd Prins, in dienst van Koning Alfonsus den Zesden van Leon en Castielje, op de Saraceenen gewonnen. Deze prins, algemeen onder den naam van Henrik bekend, was waarschijnlijk een jonger broeder uit het huis van Bourgondie, schoon Camoens hem van Hongarijen, anderen wederom van het Grieksche Keizerrijk doen komen. Hij ontfing ter belooning van zijne diensten het door hem-zelven herwonnen land, mitsgaders alles wat hij verder op den Moor mocht veroveren, met den titel van Graaf in leen, en 's Konings natuurlijke dochter, Dona Theresia, ten huwelijk. Na zijne dood, poogde deze de haar nagelaten voogdij in eene onbepaalde

heer-

heerschappij voor zich en haar tweeden Echtgenoot, Graaf de Trava, met achterstelling van haren en Henriks zoon, Alfonsus, te veranderen. De Spaansche en Portugeesche Historieschrijvers zijn het over de omstandigheden dezer gebeurtenissen niet eens, maar hierin komen zij allen overeen, dat de jonge Alfonsus, met behulp der voornaamste Ridders van het Graafschap, de vijandlijke ontwerpen van zijne moeder verijdeld en zich in de Grafelijke macht gesteld heeft. Onder dien titel heeft hij lang geregeerd, en het is eerst na zijne beroemde overwinning op vijf Moorsche Vorsten bij Ourique, dat hij dien van Koning, welken ik hem reeds bij den afloop van mijn stuk geve, heeft gedragen. Even zoo onderstelt het zijn huwelijk reeds voltrokken, schoon dit eerst vele jaren later in de geschiedenis vermeld wordt.

ALFONSUS DE EERSTE,

TREURSPEL.

Φίλος γὰρ ἐχθρὸς ἐγένετ', ἀλλ' ὅμως φίλος.

EURIP. PHOEN.

VERTOONERS.

DON ALFONSUS, *Zoon en opvolger van Graaf Hendrik van Portugal.*

DONA MATHILDA, *zijne Echtgenoote.*

DONA THERESIA, *Weduwe van Graaf Hendrik, moeder van Don Alfonsus en hertrouwd met*

DON FERDINAND PEREZ *Graaf* DE TRAVA, *Castiljaansch Edelman.*

DON BGAS MONIZ, *Portugeesch Edelman, opvoeder van Don Alfonsus.*

OMAR, *Afgezant van den Oppervorst der Mooren.*

DON LORENZO D'AGANIL, *Hoofd van Don Alfonsus Lijfwacht.*

DON PEDRO D'AVILA, *Hoofd van Graaf de Travaas Lijfwacht.*

DONA LEONORA, *vertrouwde van Dona Mathilda.*

Een Schildknaap.

Spaansche en Portugeesche Edellieden, aan de Trava gehecht, met DON ALONZO GOMEZ *aan hun hoofd.*

Portugeesche Edellieden.

Lijfwachten van Don Alfonsus en de Trava.

―――――――

Het Tooneel is te Guimaraens, de toenmalige Hoofdstad, liggende op de rivier den Ave. Het Eerste, Vierde en Vijfde Bedrijf speelt in het Paleis van Don Alfonsus, het Tweede en Derde in dat van den Graaf de Trava.— Het stuk neemt een aanvang tegen den middag van den eenen dag en eindigt tegen dien van den volgenden. Tusschen het Derde en Vierde Bedrijf onderstelt men de ruimte van éénen nacht.

ALFONSUS DE EERSTE,

TREURSPEL.

EERSTE BEDRIJF.

EERSTE TOONEEL.

DONA MATHILDA, DONA LEONORA.

LEONORA.

Hoe! steeds verdiept Mevrouw, in zorgen zonder baat!
Het uur des nachts voert u geen troost; de dageraad
Verrascht uw slaaploos-oog in steeds vernieuwde tranen!
Wij zien op uw gelaat de glans der jonkheid tanen
In nevelen van smart! Gij, eedle deelgenoot
Der trouw, die heel een volk, door moed en braafheid groot,
Aan de afkomst toedraagt van den held, die 't deed herbloeijen,
Gij, wier aanminnigheid zijn boezem deed ontgloeijen
In liefde, waar hij zints geheel zijn lust in vond,
Gij, treuren zonder end, waar 't al u heil verkondt!
We eerbiedigen, Mevrouw, de smart, die gij doet blijken,

Maar

Maar 't zachte vrouwenhart pleegt eerder te bezwijken
Voor ingebeeld gevaar en dreiging van het lot.
Zoo smoor die bange vrees, wier foltring u 't genot
Der kalme zielrust ligt voor eeuwig kan verstoren!
De vaderlijke kroon is uw gemaal beschoren,
En ras verrijst de zon, die u begroeten zal
Als wettige Gravin van 't juichend Portugal!
O! laat geen knagende angst u zulk een hoop verbittren!
De dag, door ons verbeid, zal onbeneveld schittren.

MATHILDA.

Mijn Leonoor! helaas! hoe dikwerf heeft mijn hart
Zich zelf de weekheid niet verweten van zijn smart?
Onwillig baadt mijn oog in tranen: zucht op zuchten
Beklemmen mij de borst, als stond me een slag te duchten
Niet af te keeren en verschrikkingvol. 'k Aanbid
De deugden van een Gâ, die heel mijn ziel bezit!
De kroon, waarmeê zijn hand mij eenmaal moet versieren,
Is dierbaar aan mijn hart; maar waan de flonkervieren
Der vorstendiadeem niet machtig om mijn wond
Te heelen! 't Is die min, die mij aan hem verbond,
Wier zorgen dus mijn borst, en rusteloos, bezwaren.
Ach! ieder oogenblik verdubbelt de gevaren,

TREURSPEL.

Waaraan mijn angstig oog Alfonsus bloot ziet staan!
Bedriegelijke tijd, wiens voorspoed mij den waan
Van onverstoorbaar heil, zoo onbedacht, deed kweken,
Uw uitzicht is van mij voor eeuwig afgeweken!
Mijn Leonoor, uw trouw herinnert zich dien tijd,
Toen heel mijn aanzijn, aan de zoetste'hoop gewijd,
Niet vatbaar dan voor vreugd, geen kommer kon vermoeden
Aan mijn Alfonsus zij! 't Noodlottig uur moest spoeden,
Dat mij heel de ijslijkheid mijns noodlots ensloot.
Zints drukt me een looden zorg ter neêr: mijn oog verstoot
Den slaap, geen troost, hoe lief, vermag mijn moed te sterken.
'k Doorzag met killen schrik wat heerschzucht kan bewerken!
En waar ik de oogen wend, of waar ik toevlucht zoek,
't Vertoont zich overal als of des hemels vloek
Gereed staat op het hoofd van mijn gemaal te dalen!

LEONORA.

Wat laat ge dus, Mevrouw, uw sombre geesten dwalen
In 't uitzicht op een smart, die gij u-zelve baart!
Waar is die donkre wolk, van jammeren bezwaard,
Waar 't voorgevoelig hart een onweêr uit kan spellen!
Laat af door ijdle zorg uw teedre jeugd te kwellen,
Of leer mij wat de bron van zoo veel angsten zij!

ALFONSUS DE EERSTE,

MATHILDA.

Een vreemdling oefent hier Graaf Hendriks heerschappij,
En de erfgenaam van 't rijk door goddelooze boosheid
Verraderlijk verdrukt in doffe werkeloosheid,
Ziet, in zijn toorn geboeid, door die hem 't leven gaf
Zijn heiligst recht vertreên op 't vaderlijke graf!
Alfonsus lijdt dien hoon, en ik, ik zou niet beven?

LEONORA.

O! dat dees schrikbare angst uw boezem moog begeven!
Hoe! daar heel Portugal den blijden dag verbeidt,
Waarop de Trava zelf uw Gâ ten troon geleidt,
Gelukkig in den glans, die van zijn kruin zal stralen.....

MATHILDA.

Onnoosle!.... doch ook ik moest eens zoo argloos dwalen
Gij kent de Trava en zijn echtgenoote niet!
Zij willig afzien van het vorstelijk gebied?
Zij zelven Hendriks kroost 's rijks erfgenaam verklaren,
Of dulden dat het heersch', waar zij eens meester waren?
'k Erken 't, de Trava's list en huichelend gelaat
Ontveinst met de eigen kunst zijn heerschzucht en zijn haat.
Maar nooit gelukte 't hem Alfonsus te misleiden!
Wie meldt de ontwerpen al, steeds uitgedacht door beiden,

(Graaf

(Graaf Henriks Weduw en den Voogd van Portugal!)
Om hem en 't wettig huis te storten in zijn val?
Naauw had Don Hendriks dood de teugels dezer Staten
Aan 't moederlijk bestier der rijksvoogdes gelaten,
Tot eens mijn Egâ zelf, met mannelijke kracht
Zijn rechten oefnen mocht, of zij, terstond bedacht
Haar kroost, haar eigen kroost van de oppermacht te weeren,
En met geroofd gezag zijn volken te regeeren,
Deelt door een tweeden trouw de schendige voogdij
Een vreemden krijgsman meê, heerschzuchtig, trotsch, als zij,
Wiens listig staatsbeleid en oorlogsfaam haar sterken
In 't gruwelijk ontwerp, dat zij hier uit wil werken.
Zints was Alfonsus steeds het voorwerp van haar haat,
De haat, o hemel! van een moeder! Men bestaat
In 't eerst den heldenmoed van 't jeugdig hart te stremmen,
En houdt hem, brandende de vuist om 't zwaard te klemmen,
In laffe rust geboeid, op dat hij dus het bloed
Waaruit hij d' oorsprong nam verloochnend, het gemoed
Des dappren Portugees zich zou afkeerig maken,
En, diep vervallen, uit die sluimring nooit ontwaken.
En mooglijk waar die list, waarvan gij gruwt, gelukt,
Had niet de braafste held hem aan 't verderf ontrukt:

Don Egas, steeds gereed zich voor zijn Vorst te wagen,
Dorst met standvastigheid zich bij den Voogd beklagen,
Dat grooten Hendriks zoon dus vreemd bleef aan het staal,
En voert zijn kweekeling ten strijd, ten zegepraal!
Van daar is 't, zoo mijn Gâ een oorlogsroem mocht winnen,
Wiens grootheid hier zijn naam vereeren doet en minnen,
En bij den Saraceen nog siddering verspreidt.
En thans, daar heel het volk en de adel zich bereidt,
Hem plechtig 't hoog gebied zijns vaders op te dragen,
Thans poogt men steeds dien dag op 't kunstigst te vertragen,
En woelt aan alle kant om zich in de oppermacht
Te staven; wat ik zie, is mij van hun verdacht!
Alfonsus middlerwijl, wiens fier en moedig harte
Geweld en onrecht haat, verkwijnt als ik in smarte.
Aan 't welzijn van zijn volk, aan zijn geheiligd recht,
Aan de eer zijns Vaders met geheel zijn ziel gehecht,
Had hij sints lang de smet, die op hem kleeft, gewroken;
Werd niet zijn gramschap nog, hoe fel in 't bloed ontstoken,
Weêrhouden door den naam, dien zijn vervolgster voert.
En nu, mijn Leonoor, ('k zie u als mij, ontroerd!)
Is 't zwakheid, zoo ik leve in zorgen, tranen, klachten?
Wie weet wat wreede slag mijn liefde staat te wachten?

Aan

Aan wat verschriklijk lot ons huis is blootgesteld?
De Staatzucht kent geen wet, waar 't overmeestring geldt!
Ja, mooglijk ('k ijs van 't woord, dat ik hier uit ga spreken!)
Durft ze in Alfonsus bloed haar snoode ontwerpen wreken!

LEONORA.

Wat siddring grijpt mij aan, op 't hooren van dees taal!
Ach! 'k deel thans in uw angst, Mevrouw... Doch uw Gemaal
Schijnt met zijn trouwsten Vrind zijn schreden hier te richten;
Licht dat uw treurigheid voor hun gesprek zal zwichten:
'k Verwijder mij.

TWEEDE TOONEEL.

DON ALFONSUS, DON EGAS, DONA MATHILDA.

MATHILDA.

Wel nu, mijn dierbre, brengt ge in 't end
Vertroosting aan een hart, der vreugd zints lang ontwend?
Of heeft uw egâ nog die somberheid te vrezen,
Die op uw voorhoofd heerscht? en meldt mij heel uw wezen
't Verschrikkelijk besluit, dat in uw boezem broedt,
Als onherroeplijk aan? O! schenk mijn teêrheid moed!
Heb deernis met een angst, de plaag van beider leven,
Waarvan mijn hart door u, of nimmer wordt ontheven!

ALFONSUS DE EERSTE,

ALFONSUS.

Geliefde, heeft die vrees, en mij en u onwaard,
Zoo diep geworteld in uw geest? Verbeelding baart
Der liefde van een vrouw, die zoo als gij kan minnen,
Bezorgdheid zonder perk, door liefde te overwinnen.
Ja, dierbre, veel te lang regeert hier de overmoed
Eens vreemdlings, die op de asch, op de eer mijns Vaders woedt,
Wiens lage heerschzucht, op mijn rechten dol verbolgen,
Mijn moeder eigen kroost leert haten en vervolgen!
Te lang zucht Portugal naar vorsten, 'harer waard,
En de Adel schaamt het zich het eerlijk oorlogzwaard
Te voeren tot den dienst des dwingelands! Op heden
Zal ik mijn recht en rang en afkomst, lang vertreden,
Handhaven, en welhaast staat hij d' ontroofden staf,
Met hoe veel kracht geklemd, den zoon van Hendrik af!

MATHILDA.

Hoe, is 't dan waarheid, is mijn onheil niet te keeren?
Zoo stelt de onzaalge zucht voor grootheid en regeeren
Dus roekloos met uw bloed 't heil van uw gade bloot?
Ga, koop de diadeem voor een oneedle dood!
Wat is mij, zonder u, haar glans, mijn rang, mijn leven?
Of zal de Trava thans haar needrig overgeven,

Die jaren lang het doel van zijn verwoedheid was?
O! staak dit wreed besluit, 'k bezweer het u bij de asch
Diens Vaders, dien ge op mij, op mij alleen gaat wreken!
Neen, hij verbiedt u niet te zwichten voor mijn smeken,
Hij eischt niet dat ge uw bloed dus zonder vrucht vergiet....

ALFONSUS.

Verg alles van mijn min, maar verg mijn oneer niet!

MATHILDA.

Uw oneer? dierbre, neen! ik draag in vrouwlijke aadren
Geen zoo verbasterd bloed van oorlogshafte vaadren,
Dat ik mijn echtgenoot lafhartig wenschen kon!
Ja, riep u krijgsmansplicht ten oorlog, 'k overwon
Met mannelijken moed al de angsten die ik lijde:
Ik zou met eigen hand u wapenen ten strijde!
Maar hier, waar 't snoodst verraad om 't Grafelijk gebied
Geen laagheid, geen geweld, geen gruwelen ontziet,
Bestaat ge in blinden moed die wreeden uit te dagen,
Om in hun razernij het uiterste te wagen:
Hun troon moet door uw dood met dubble vastheid staan,
Of hun gevloekte haat u met hun doen vergaan!
Of zou zijn deerenis den zoon van Hendrik sparen?
Of mangelt het zijn woede aan vuige moordenaren,

Wier

ALFONSUS DE EERSTE,

Wier laagheid met uw bloed zijn gunsten winnen mag?
Afgrijsselijk verdriet! helaas! ik vloek den dag,
Die me in het leven riep, om eindeloos in zuchten
Te kwijnen, en voor 't lot van 't dierbaarste te duchten!

ALFONSUS.

Mathilde, een Hemel hoedt de brooze menschlijkheid!
Zijn liefderijke zorg baat meer dan ons beleid.
Vertrouw dien zoo als ik. Ik heb mijn recht en leven
Met onverwrikte hoop in Zijne hoê gegeven,
En sneve ik, 't is voor de eer van 't bloed, waaruit ik sproot!
Ik, Egas kweekling, ik, Mathildaas echtgenoot,
Ik zou om ijdle vrees de stem der plicht versmoren?
Of, was 't mij niet genoeg, voor de Oppermacht geboren,
Hier, in mijn wettig erf, te leven, onderdaan,
Onmachtig zelfs mijn volk in d' oorlog voor te gaan?
En echter 'k droeg dien hoon, en offerde aan een moeder,
(Gevoelloos voor mijn liefde en ieder dag verwoeder)
De drift, die zonder haar mijn hand gewapend had.
Neen, 't is te lang geduld, dat men uw eer vertrad,
Mijn Vader, reeds te lang heeft mij uw schim verweten,
Dat ik in laffe rust uw grootheid heb vergeten!
Uw arm heeft dezen grond den Saraceen ontroofd,

Uw

Uw vuist de Gravenkroon gevestigd op uw hoofd!
En 'k laat een vreemdeling hier ongestoord regeeren;
Uw krijgsgenooten door zijn bittren trots verneêren,
Ik dulde uw Portugal zijn gunstlingen ten buit;
Of dat hij met den Moor een laffe vrede sluit',
(Wiens duizenden uw arm zoo dikwerf heeft verslagen)
Om veiliger uw volk zijn ketens te doen dragen!
Neen, 'k eisch nog op dees dag de erkenning van mijn recht,
En 't zij de kracht van 't zwaard er de uitkomst van beslecht',
Het zij men door verraad mijn neêrlaag wil verwerven,
Ik zal voor 't minst niet meer als onderworpling sterven!
Of, gaat mijn drift te ver? is 't heerschzucht, die mij spoort,
Wanneer mijn boezem nog in droefheid schier versmoort,
Dat ik een vijandin moet temmen in een moeder?
Heb 'k nog haar niet voldaan? Spreek, eedle Wapenbroeder
Eens Vaders, dien uw deugd te rug voert voor mijn hart,
Is 't eindlijk lang genoeg, dat men mijn gramschap tart?

EGAS.

Graaf, zints uw eerste jeugd vertrouwd werd aan mijn zorgen,
Heeft nimmer u mijn mond de waarheid nog verborgen,
En 'k zou nog jonglingsdrift, nog heerschzucht hier ontzien,
Om u in zulk een tijd een trouwen raad te biên.

De

De nagedachtenis van uw doorluchten Vader,
En 't dierbaarste belang van Portugal te gader,
Vereischen dat uw hand de teugels klemm' van 't rijk,
En wettelooze macht voor uw gezag bezwijk'.
Gij hebt de plicht voldaan, verschuldigd aan een moeder:
Thans ziet het rijk in u zijn Vorst en zijn Behoeder!
Verlos het van den dwang, dien 't van zijn voogden lijdt,
En toon 't door uw bestier uit wien ge ontsproten zijt!

MATHILDA.

Vereent zich 't al dan, om mijn droefheid te vermeêren?
Gij ook, getrouwe held, zult dan den slag niet keeren,
Die me in mijn Gade dreigt?

EGAS.

Stel u gerust, Mevrouw;
De dag, die thans verrijst, is u geen dag van rouw:
Zij is voor u en hem een boô van heil en glorie!

ALFONSUS.

Neen, dierbre, wanhoop niet, de hemel schenkt viktorie,
Waar Egas en het recht zich scharen aan mijn zij!

MATHILDA.

Zoo sta zijn gunst uw moed en mijne zwakheid bij!

DER-

DERDE TOONEEL.

DE VORIGEN, DON LORENZO D'AGANIL.

LORENZO.

Een afgezant, Mijn Heer, van d' Oppervorst der Mooren
Vraagt toegang en gehoor.

ALFONSUS.

Van mij? 'k Heb nooit te voren
Den Saraceen gekend, dan met de hand aan 't zwaard.
'k Ontveins niet dat zijn komst mij hier verwondring baart.
Gelei hem herwaarts. *(Lorenzo vertrekt.)*

(Tot Egas die vertrekken wil.)

Blijf, mijn Egas, mijn vertrouwen
Zal nooit uw vriendschap vreemd aan mijn belangen houên!

MATHILDA.

Ik store uw onderhoud met d'Afrikaner niet:
En voer uit uw gezicht mijn doodelijk verdriet.

(Zij vertrekt.)

VIERDE TOONEEL.

DON ALFONSUS, DON EGAS, OMAR.

OMAR.

Opvolger van den held, wiens nagedachtnis we eeren,

Wien

ALFONSUS DE EERSTE,

Wien 't schittrendst voorbeeld leerde op mannen te regeeren,
En die met heel dit rijk zijn roem uw erfdeel ziet.
Als 't welzijn van zijn volk. De Moorsche Koning biedt
U, schoon nog in 't bezit van 't Graafschap niet gehuldigd,
Den broedergroet reeds aan, uw rang en deugd verschuldigd.
Mijn Koning, schoon heel 't land en d'omgelegen zee
Zijn krijgsmacht tuigen kan, bemint een eerbre vreê;
En zoo reeds sedert lang uw beider onderzaten
In ongestoorde rust d'alouden haat vergaten,
Die vriendschap was zijn hart, uit achting voor uw kroon,
Steeds onuitspreeklijk zoet. Moge, als Graaf Hendriks zoon
De teugels van 't gebied met eigen hand zal voeren,
Geen wreevlig staatsgeschil die eendracht ooit beroeren.....

ALFONSUS.

Mijn Heer, voor dat de zee uw rijk van 't onze scheidt,
Belove ik nooit een eind aan onze oneenigheid.
Of heeft uw Oppervorst het heilig recht vergeten,
Waarmeê de Europeaan dees landstreek heeft bezeten,
Tot waar hem de Oceaan zijn grens heeft aangeduid?
En, maakte zich uw volk ons vaderland ten buit',
Wanneer 't met de overmacht van duizend duizendtallen
Van de overkant der zee ons op het lijf kwam vallen? —

Het

Het lot des oorlogs heeft ons uit ons erf verjaagd;
De wapens in de hand wordt dit weêr opgevraagd!
Neen, hij kent de inborst niet der fiere Portugezen,
Die wanen mocht dat zij den last des oorlogs vrezen!
En eert uw Vorst in mij Graaf Hendriks erfgenaam,
Hij verg' van mij geen daad, die ik me als krijgsman schaam!

OMAR.

Mijn last strekt zoo ver niet, om over 't recht te spreken,
Dat tusschen u en ons den oorlog kon ontsteken.
Een dringender belang voor u en uw geslacht
Heeft mij in 's Konings naam, Graaf, hier voor u gebracht.
Als bondgenoot, als vriend, zond hij me in dees gewesten
Om 't wankelend gebied in uwe macht te vesten.
Uw Vader (wel is waar) heeft heel zijn levenstijd
Ten dienst der vijanden van onzen Staat gewijd:
Maar weten we ons op 't veld met leeuwenkracht te weeren,
Wij kunnen ook de deugd in vijanden vereeren,
Beschermen, wreken zelfs, en bij den Saraceen
Wordt schittrende oorlogsroem, in wien ook, aangebeên!
  Zints lang reeds zijn mijn Vorst de schandelijke lagen
Bekend, waarmeê verraad uw eerste jonglingsdagen
Aan alle kant omgeeft. Men spaart noch list, noch bloed;

B   Zoe

Zoo slechts uw ondergang een vloekbre heerschlust boet!
Mijn Vorst vermag u thans gereede hulp te bieden.
Een vloot, die 't Noordlijkst deel van Spanje moet bespieden,
Kruist dicht nabij dees kust: verlangt ge in éénen dag
U in 't bezit te zien van 't Grafelijk gezag?
Ik wapen tot uw dienst die dappre vlotelingen,
Dat ze onder mijn gelei in deze vesten dringen;
Gij zelf verklaart u Vorst, en zonder tegenstand
Vermeestert gij de stad, en met haar heel het land!
En wij, wij vergen niets voor deze dienstbetooning,
Dan dat gij Portugal in leen houdt van den Koning!

ALFONSUS.

O stoutheid zonder maat! Ik, leenman van uw Vorst?
Ten loon van 't eerloos feit, dat gij mij voorslaan dorst!
Ga, vlied naar 't schendig hof, van die u heeft gezonden,
Om hem mijn antwoord — neen! mijn woede te verkonden!
Zeg hem, dat ik mijn recht van geen verraders hoû,
En dat, schoon anders niets mijn handen waapnen zou,
Dees dag, dees dag-alleen, mijn haat zal doen ontgloeijen,
Om hem en heel zijn huis voor eeuwig uit te roeijen!

OMAR.

Zoo loont men 's Konings gunst met smaad.....

TREURSPEL.

ALFONSUS.

Vertrek, Mijn Heer,
Ik wil geen enkel woord van zulk een gruwel meer!

VIJFDE TOONEEL.

DON ALFONSUS, DON EGAS.

EGAS.

Bedaar, en laat de zorg voor dierbaarder belangen,
Uw verontwaardiging, geliefde Vorst, vervangen!
Geen oogwenk dient verzuimd, waar list en staatzucht waakt,
En hartstocht en verdriet voor 't grootsch ontwerp verzaakt!

ALFONSUS.

Neen, hoe mij 't lot vervolgt, getrouwste mijner vrinden,
Vrees niet dat ge ooit mijn moed zult neêrgeslagen vinden!
Aan vorstenplicht gewijd, aan de eer van mijn geslacht,
Schenkt wat ik lijden mag, mijn boezem nieuwe kracht.
Kom, gaan we, 't hoog besluit is eindelijk genomen!
En moet der burgren bloed in deze wallen stroomen,
Mijn hand is schuldeloos. Dees dag getuigt mijn val,
Of voert Graaf Hendriks zoon ten troon van Portugal!

Einde van het Eerste Bedrijf.

ALFONSUS DE EERSTE,

TWEEDE BEDRIJF.

EERSTE TOONEEL.

DE GRAAF DE TRAVA, DONA THERESIA, *Spaansche en Portugeesche Edellieden*, met DON ALONZO GOMEZ *aan het hoofd.*

DE TRAVA.

Beschermers van den Staat, doorluchte rei van helden,
Wier wijsheid in de vreê, wier moed op de oorlogsvelden,
U 't voorbeeld heeft gemaakt van ridderlijke deugd!
Ontfangt mijn welkomstgroet! Hoe is mijn hart verheugd,
Voor 't heil van mijn gebied, mijn dapperste onderdanen,
Den adel van dit rijk, den bloem der Castiljanen,
Rondom mijn troon geschaard, zoo broederlijk vereend
Te aanschouwen. Deze band heeft ons de kracht verleend
Om met standvastigheid dit Graafschap, naauw geboren,
Te hoeden voor 't geweld der ongetrouwe Mooren:
En zoo 't de rust der vreê, na zoo veel jaren strijd
Met roem erlangen mocht, aan U is 't, dat men 't wijt!
Doch schoon zich 't al vereende, om dit gebied te sterken,

Nog

TREURSPEL.

Nog is de nijd in staat, zijn onheil te bewerken,
Verheft ze als winnares d' afschuwelijken kop,
Zoo stort dees troon in puin, en richt zich nooit weêr op!

Mijn vrienden, neen, mijn hart houdt aan uw trouwe zorgen
Het droevig lot, dat hem bedreigt, niet meer verborgen.
't Is geen uitheemsch geweld, dat ons hier waapnen zal:
't Verraad smeedt zijn ontwerp in 't hart van Portugal!
Ja, 't kroost van uw Gravin (ik gruw het uit te spreken,)
Bereidt zich tegen haar het oorlogsvuur te ontsteken.
Alfonsus, groot door rang en mannelijken moed,
Maar trotsch en woest van aart, en in zijn drift verwoed
Naar d' opperheerschappij, werd zints zijn eerste dagen
Omringd door vleijerij, gevormd naar 't welbehagen
Van staatsliên, onder schijn van trouw aan zijn geslacht,
Op eigen grootheid slechts bij 's vorsten gunst bedacht.
Dus leerde men zijn hart van dolle driften blaken,
't Belang van heel een rijk, zijn eigen bloed verzaken....
Zijn moeder en haar gâ zijn 't voorwerp van zijn haat!
Het oogenblik is dáár voor 't schaamteloos verraad,
Waarop 't de Gravenkroon van onze kruin moet rukken,
Om ze op het wufte hoofd eens jongelings te drukken!
O! zoo 't ontwerp gelukt, rampzalig Portugal!

ALFONSUS DE EERSTE,

Men voert u met geweld tot een gewissen val.
Geen leidsman, opgevoed in staats- en krijgsgevaren,
Zal meer uw wanklend rijk voor d' ondergang bewaren!
De prooi der driften van een onberaden vorst,
De prooi der gunstlingen, wier onverzaadbre dorst
Naar grootheid, voor zijn macht uw welzijn zal vertreden!
Ziet daar het heilzaam doel der gruwlen, die zij smeden!
Het heiligst vorstenrecht moet schandelijk versmaad,
Castieljes dochter, die den pas herwonnen Staat
Ten huwlijksgoed ontfing van haar roemruchten Vader,
Moet in haar wettig erf, gehoond, beroofd te gader,
Op dat het, uitgeput, door wie 't beschermen moest,
In 't einde nederstort', door 't eigen zwaard verwoest,
Waarvan 't Castieljes Vorst gered heeft en gewroken.
Een enkel oogenblik, en 't twistvuur is ontstoken!
Getrouwen, gij-alleen, kunt, wat ons dreigen mocht,
De rampen temmen, die gevloekte baatzucht wrocht.
Vertoont u één en trouw, in eedle krijgsmanszeden,
En leidt den zwakken op, naar 't pad, door u betreden.
De zege volgt u! en een dubble glans van eer
Daalt op het achtbaar hoofd van 's lands bevrijders neêr!

THE-

THERESIA.

Geen echte spruit van 't bloed der oude Portugezen,
Geen Castiljaansche held kan ons vijandig wezen!
Ik ben gerust: 't is geen rechtschapen Edelman,
Die in 't onschendbaarst recht een vrouw verraden kan!

GOMEZ.

Gebieders van dit rijk, die 't eenig kunt behouên!
O ja! ons brandend hart beantwoordt uw vertrouwen.
Gij zijt het, die ons steeds het edelst voorbeeld gaaft
In oorlogstijd en vreê. Uw macht, uw wijsheid staaft
Den adel en den rang, geboorte en deugd verschuldigd.
Sints lang zijt gij voor ons in 't Graaflijk regt gehuldigd.
Die hulde stave ons zwaard, en beev' wie 't onderstaat
Te dingen naar uw kroon door wapens of verraad!

DE TRAYA.

'k Erken in deze taal mijn dierbre wapenbroeders,
Steeds gloeijende voor recht, en rijks- en troonbehoeders.
Mijn baanders leiden u op 't pad van eer en roem:
En volgt ze uw dappre schaar, der Edellieden bloem,
Ons zwaard of ons beleid zal 't oproervuur versmoren.
Wij, houden we ons gereed! Geen oogwenk zij verloren!
En barst de staatstorm uit, voorzien sints zoo veel tijd,

Zoo voere ons de eerste maar ter raadzaal of ten strijd!
Vaartwel!

(De Edellieden vertrekken. De Trava vervolgt tegen d'Avila, die bij hun uitgaan binnen getreden is.)

Gij, d'Avila, gelei Don Egas binnen!

(d'Avila vertrekt.)

Wel aan! het uur is dáár, de kampstrijd gaat beginnen!
Ik wacht u, trotsche slaaf van een onwaardig vorst!
En wat zich tegen mij uw haat vermeten dorst,
Om in Alfonsus naam mijn Staten te regeeren,
Gij zult op hem en u mijn wraak zien triumfeeren!

TWEEDE TOONEEL.

DE GRAAF DE TRAVA, DONA THERESIA, DON EGAS.

DE TRAVA, *met bitterheid.*

Wat onverwacht geval voert hier Don Egas schreên?
Het Graaflijk hof sints lang heeft geene aantreklijkheên
Voor u, wiens gansch bestaan aan wichtiger belangen
Gewijd is, dan 't genot der hoven op te vangen!
Spreek, wat bedoelt uw komst?

EGAS.

Het welzijn van ons land,

De

De wil eens meesters, aan dat welzijn naauw verwant,
Vereischen 't onderhoud, Graaf, dat ik u deed vragen!
Ik kom, om u mijn last op 't spoedigst voor te dragen.
Het edel kroost des helds, wiens schittrende oorlogskracht,
De vrijheid in dit rijk, de kroon in zijn geslacht
Gevestigd heeft, wenscht thans, dat rijper jeugd zijn handen
In staat stelt zelf de staf te voeren dezer landen,
Een einde aan alle macht, die hier nog heerschen mag.
Heel Portugal, als hij, verwacht met drift den dag
Waarop de rijksvoogdij, wier zorgen zoo veel jaren
Graaf Hendriks Weduwe en haar Echtgenoot bezwaren,
Zal keeren in den schoot van de opperheerschappij!

THERESIA.

Hoe, wat vermeet men zich? Alfonsus vergt van mij
Dat ik met eigen voet mijn rechten zal vertreden,
Mijn Egâ zal verraân? De troon dien wij bekleden,
Was Hendriks eigendom, is thans dat van zijn zoon?
Als of mijn vaders wil de Grafelijke kroon,
Mijn bruidschat, onbepaald, aan vreemden had geschonken!
Ontaarde! heeft haar glans u dus in 't oog geblonken,
Om ze aan een moeders hoofd te ontweldigen? Welaan!
Wat mart ge nog, mijn zoon, de hand aan 't zwaard te slaan,

Om met mijn bloed bespat u zelf ten troon te heffen?
Kom, eer nog moet uw wraak mij met de mijnen treffen,
Eer moet die troon vergaan, en eerder heel dit rijk,
Dan dat Theresia gewillig voor u wijk'!

EGAS.

Hoe! heeft dan niet, Mevrouw, Don Hendrik deze Staten
Aan de Oppermacht zijns zoons, aan uw voogdij gelaten?
En hebt ge u zelve niet tot Rijksvoogdes verklaard?

DE TRAVA.

Rampzalige uitvlucht, en zoo stout een aanslag waard!
Spreek! wat vermocht een vrouw, van vijanden omgeven,
Verbitterd op haar rang, haar afkomst en haar leven.
Zij zag van 't troonrecht af voor een geliefden zoon,
En vestte op hem haar hoop! Zijn haat, zie daar haar loon!
Zie daar den invloed van verachtelijke vrinden!
Zints deed een tweede trouw haar een beschermer vinden
In d'egâ, dien zij koos. Gij ziet haar thans in staat
Haar recht te wreken, en te straffen, wie 't versmaadt! —
Niet dat haar moederliefde uw kweekling wil verstoten,
Ofschoon zijn boezem zich voor haar heeft toegesloten!
Ik-zelf, zoo dier verknocht aan Don Alfonsus bloed,
Heb meê met heel mijn hart de vaste hoop gevoed,

Dat

Dàt hij in 't rijksbezit ons eenmaal zal vervangen.
Maar neen! men eischt veél meer: zijn toomeloos verlangen
Wacht niet dat onze dood hem 't Graafschap schenken zal.
De drift der jonglingschap moet over Portugal,
Moet over 't lot van hem, die haar met roem regeerde,
Van hem, om wiens ontzag de nabuur haar vereerde,
Beslisfchen, en zijn wil reeds heden uitgevoerd!
Dees wankelende Staat, door helsche twist beroerd,
Haar Ridderen verkeerd in woeste muitelingen,
Om 't al naar willekeur van hun belang te dwingen!
Zie daar het edel werk van hem, wiens vroege jeugd
De rijkskroon heeft verdiend door weêrgâlooze deugd!

EGAS.

Mijn Heer, heel Portugal kan tuigen, wie van beiden
De jamm'ren oorzaak gaf, die zich voor haar bereiden,
Indien men door het staal de kroon herwinnen moet!
't Kan tuigen wie van bei de banden van het bloed
Miskend heeft en vertrapt, en of Alfonsus daden
Ontembre heerschzucht of rechtaarde deugd verraden!
Maar waartoe een verwijt, zoo ongegrond weêrlegd?
Zijn deugd beslischt hier niets! 't Is zijn geheiligd recht,
Dat 'k opeisch uit zijn naam. Nog blijft dat recht geschonden?

Ik

Ik breng uw antwoord weêr aan die mij heeft gezonden!
Gij ziet mij thans niet meer, Alfonsus afgezant:
'k Verkondig hier den wil der Ridderschap van 't land.
Aan Hendrik en zijn huis heeft ze eens haar trouw gezworen,
Zij doet dien eed gestand aan 't kroost, uit hem geboren,
En van dees dag af aan, erkent zij geen voogdij,
Noch in heel Portugal een andre macht, dan hij!
Zij zal zich om zijn troon als om zijn lijf vergaren,
En wijden d'eigen arm, die Henriks krijgsgevaren
Gedeeld heeft, aan den dienst van zijn doorluchten zoon!

THERESIA.

O hemel! tot hoe lang dulde ik zoo fel een hoon!
Ga, hoofd en afgezant van vuige muitelingen,
Die zelve naar de macht van hun gebieders dingen!
Ga, doe hun uit mijn naam hun ware plicht verstaan!
Don Hendrik heeft hun eed van trouwheid, hem gedaan,
Alleen als egâ van Theresia ontfangen!
Die eed behoudt haar kracht, voor die hem vervangen
In d'echt, die ons verbond, als in mijn rijksgebied.

EGAS.

Toen de overwonnen Moor dees streken siddrend liet,
Mevrouw, ontfing de deugd des winnaars, van uw Vader

Het

TREURSPEL.

Het vrijgevochten land en uwe hand te gader!
Maar nimmer had zijn wil (verschoon mijn vrije taal!)
Zijn gift onttrokken aan het kroost van uw Gemaal,
Noch had hij toegestaan, dat willekeur van vrouwen,
Aan Henriks erfgenaam het Graafschap zou onthouên,
Om 't op te geven aan eens vreemdlings heerschappij!

DE TRAVA.

Vermetel onderdaan! Hoe! wat verwijt ge mij?
Zoo zag Don Henrik dan het daglicht in deze oorden?
En naauwer band verbond hem Portugal, wien 't Noorden
Ter weering van den Moor, naar Spanjes Vorsten zond,
Aan grond en zeden vreemd?

EGAS.

     Zijn bloed vloeide op dees grond!
Zijn degen deed den naam der eedle Portugezen
In 't overzeesche rijk der Saraceenen vrezen!
Zijn hand sloot nooit met hun een schandelijk verdrag!
Beschermheer van zijn volk, voor d' adel vol ontzag,
Verried hij hun belang aan geen uitheemsche Grooten.
Zie daar wat hem ons hart voor eeuwig heeft ontsloten!
Zie daar zijn rechten op de Portugeesche kroon,
Verschuldigd door zijn dood aan zijn heldhaften zoon!

ALFONSUS DE EERSTE,

DE TRAVA.

Genoeg! 't Is reeds te lang, dat gij 't ontzag dorst krenken,
Dat u mijn rang beveelt! Gij moest voor 't minst bedenken,
Dat ik nog meester ben, en dat mijn gramschap u,
Mijn onderdaan, nog kan noodlottig zijn! En nu —
't Is noodloos dit gesprek hier verder te verlengen.
Gij hebt mijn wil verstaan. Gij kunt dien overbrengen.

EGAS.

Ik ga, maar keer te rug voor 't uur van middernacht,
Aan 't hoofd der Ridderschap, die slechts uw antwoord wacht,
Om vreedzaam haren Graaf de kroon op 't hoofd te drukken,
Of 't wraakzwaard uit de scheê voor Vorst en eer te rukken!

DERDE TOONEEL.

DE GRAAF DE TRAVA, DONA THERESIA, *vervolgens* D'AVILA.

THERESIA.

O wanhoop! 'k zal den smaad van zoo veel overmoed
Dan dulden, en mijn hand niet in des trotschaarts bloed
Een muiter straffen, steeds het voorwerp van mijn woede,
Die in het hart mijns zoons zijn vloekbre heerschzucht voedde!
Zijn dood, zijn dood - alleen herstelt mijn lijdende eer!

Ach!

Ach! drukte ons dus de keer van 't trouwloos noodlot neêr,
Dat, waar zoo wreed een hoon mijn boezem doet ontgloeijen,
Onze eigen veiligheid den felsten haat moet boeijen?

DE TRAVA.

Volharden wij, Mevrouw, bij 't dringen van den nood!
Het uur der wraak genaakt, of 't uur van onze dood!

D'AVILA, *binnen tredende.*

Heer Graaf, men vraagt gehoor.....

DE TRAVA.

't Is de Afgezant der Mooren.
Gelei hem binnen!

(d'Avila vertrekt: hij vervolgt.)

Welk een lot werd ons beschoren!
De Saraceensche hulp ter weering van 't gevaar!
O foltring voor een hart als 't mijn'!

VIERDE TOONEEL.

DE GRAAF DE TRAVA, DONA THERESIA, OMAR.

OMAR.

Het uur is dáár,
Heer Graaf, 't ontwerp door u tot heden afgeslagen,

Kan

Kan thans geen uitstel meer, geen aarzeling verdragen!
Besluit, en op uw wenk is 't al gereed! De vloot,
Wier bijstand u mijn Vorst, ten pand van vriendschap bood,
Is eindlijk, (dank zij 't lot!) gevorderd tot uw kusten.
't Is thans het oogenblik de manschap uit te rusten.
Daar, waar zich Aves vloed met d' Oceaan vermengt,
Daar moet de dappre stoet, die u de zege brengt,
Zich scheiden van de vloot, en varen met hun boten
Den stroom op. Laat geen zorg dan meer die hulp verstoten!
De dag, die morgen rijst, berokkent ligt uw val.
Gebruik de gunst van 't lot, en zij brengt Portugal
Voor eeuwig in uw macht! Verschoon dit dringend pogen:
Gij hebt, als ik, de ramp die u bedreigt voor oogen!
Reeds woelt het wufte volk, reeds mompelt het den naam
Uws mededingers, roemt zijn deugd en oorlogsfaam!
't Draagt alles blijk van 't vuur, dat eindlijk uit moet breken!
Nog kunt gij 't smoren, nog regeeren, nog u wreken,
En ge aarzelt?

THERESIA.

   't Volk, Mijn Heer, wiens muiterij gij vreest,
Is aan zijn wettig Heer steeds naauw verknocht geweest.
Het liet zich mooglijk thans door listiger verblinden!

Een

Een wenk, (vertrouw het vrij) doet het zijn plicht hervinden,
En 't oog der vorsten ziet in zulke onrustigheên,
Geen woede van een volk, met hun gebied te onvreên.

OMAR.

Wel nu, zal dit gewoel van zelven weêr bedaren
En spelt het in uw oog geen grooter staatsgevaren;
Zoo houde ik langer niet op onzen bijstand aan,
En.....

DE TRAVA.

'k Deed u nog, Mijn Heer, ons antwoord niet verstaan?
Ja, dikwerf weigerde ik uw hulp, mij aangeboden!
Dus eischte 't vorstenplicht! Thans dat de macht der snooden
Een eerbiedwaardig volk in gruwbre rampen tracht
Te storten, en het al een stouten aanslag wacht,
Thans kan het, schoon ons hart onvatbaar is voor vrezen;
Tot redding van dit volk welligt noodzaaklijk wezen,
Tot steun van dezen troon geen midd'len meer te ontzien.
De heuschheid van uw Vorst liet mij zijn bijstand biên!
Mijn vriendschap deelde steeds met vuur in zijn belangen!
Ik zal van wederzij dit blijk van trouw ontfangen,
Ter staving van mijn recht, maar meer nog, om als Vorst,
Het bloed te sparen, waar de muiteling naar dorst.

OMAR.

OMAR.

Wel aan, ik vlieg, Mijn Heer, om d' uitslag te bezorgen,
De nacht geleidt ons op de golven, en op morgen
Is Portugal aan u, en (*) Guimaraéns in vreê!
'k Vertrek nog in dit uur naar de oevers van de zee,
Die onze schepen voert.....

DE TRAVA.

Vertoef, en wil niet vrezen,
Dat rijper overleg ons zal noodlottig wezen!
Daar waar één enkle stap het lot van heel een Staat
Beslischt, daar dient geen drift gehoord, maar wijze raad!
Ik draal niet ons besluit mijn Eedlen te openbaren;
'k Stel hun zijn doelwit voor, zijn omvang, zijn gevaren,
Den plicht hun opgeleid. Gij, Omar, volg mijn schreên;
En ons vooruitzicht moet, om alle onzekerheên,
Gevaarlijk, doodlijk voor de hoop op 't zegepralen,
Te keeren, heel den loop van ons ontwerp bepalen!

(*Tot Theresia.*)

Gij ziet mij weêr, Mevrouw, na d' afloop van den Raad.

OMAR, *ter zijde, in het heengaan.*

Ik volg in zegepraal den wreker van mijn smaad!

(*) De *ae* in dit driesyllabig woord wordt als *ai* uitgesproken.

VIJFDE TOONEEL.

DONA THERESIA, *alleen.*

Op morgen valt de trots van muitende onderdanen,
En alles kromt zich voor de Castiljaansche vanen!
Op morgen triumfeert Theresia! Het bloed
Zal vloeijen tot een zoen van haar getergd gemoed!
Mijn oog getuigt den dood van haatlijke verraadren,
En niemand zal mijn troon meer dan met siddring naadren!
Uw dorst naar wraak wordt haast gelescht! Wat eischt ge meer,
Mijn hart? Wat pijniging flaat al die vreugde neêr?
Gerechte hemel! kan het waarheid zijn? Geweten!
Heeft zoo veel poging nog me uw stem niet doen vergeten?
Neen, zoo veel gruwlen duldt uw strengheid niet. Die troon,
Dat voorwerp van mijn drift, ontweldigd aan een zoon!
Zijn bloed welligt gestort, om 't misdrijf te versterken!
Geen banden ooit ontzien, om zijn verderf te werken!
Mijn boezem ijst! 'k verfoei die kroon, zoo duur gekocht,
Mij zelve en 't huwelijk, dat me aan een Gâ verknocht,
Verhard nog meer dan ik in heerschzuchts ijslijkheden.
Wat aangevangen in mijn angsten? Afgetreden
Van 't onheilvol gebied, de bron van al ons kwaad?

ALFONSUS DE EERSTE,

Het gruwzaam moordzwaard, dat mijn zoon te wachten staat,
Geweerd? Kom, vliegen wij.... Wat doe ik, onberaden?
Ik ga op 't hachlijkst uur mijn echtgenoot verraden!
O denkbeeld, vreeslijker dan alles wat ik lij!
Ik ban en hem en mij van de opperheerschappij,
Om van mijn eigen kroost in 't eind genâ te smeken,
Neen, van zijn gunstlingen, wier trotschheid ik ging wreken!
O zwakheid, die me onteert! — Neen, gij verwint mij niet!
Of is 't een gruwel voor den schijnglans van 't gebied,
De banden der natuur in dolle drift te schenden?
Zoo zwicht' mijn zoon, ten spijt van zijn verwoede benden!
'k Verhard mij zoo als hij, en mijn gewetensſmart,
Zal, ja, een foltring zijn voor 't weeke moederhart!
Maar toonde ik nimmer vrees in krijgs - en staatsgevaren,
Die foltering kan meê mijn hart geen angsten baren!
'k Kan moedig dragen, wat een toornig lot gebiedt,
Maar wijken van mijn recht, maar buigen, kan ik niet!

Einde van het Tweede Bedrijf.

DERDE BEDRIJF.

EERSTE TOONEEL.

DE GRAAF DE TRAVA, DONA THERESIA.

DE TRAVA.

't Wacht alles slechts een wenk, om ons ter hulp te spoeden!
Geen voorzorg werd verzuimd om ons ontwerp te hoeden.
De raad der Edelliên heeft d' aanslag goedgekeurd,
Die eenig redden kan; ofschoon hun fierheid treurt,
Den vaak verwonnen Moor den zegepraal te danken.
Hoe 't zij, hun beider trouw slaat nimmer aan het wanken.
En inborst en belang verbindt den Castiljaan;
En Omar, onze zaak met geestdrift toegedaan,
Wacht slechts op mijn bevel, om daadlijk te vertrekken.

THERESIA.

Hoe! waartoe dit vertrek nog langer uit te rekken,
Waar 't dringendste gevaar met ieder oogenblik
Vermeêrt?

DE TRAVA.

Verban, Mevrouw, een ongegronden schrik!

De zorg van uw Gemaal heeft geen belang vergeten!
Men zal zich tegen ons op heden niets vermeten;
En Omars toeven stremt geen oogenblik den loop
Van 't rijpdoordacht ontwerp, het standpunt onzer hoop.
Hij heeft in aller ijl een slaaf vooruitgezonden,
Die heel ons staatsbesluit den vlootvoogd zal verkonden;
En Omars aankomst vindt den vloteling bereid.
Maar voor hij naar de stad zijn vreemde benden leidt,
Is 't noodig nog een stap voor haar behoud te wagen!
Mislukt die, 'k zal hun komst geen oogenblik vertragen.
Neen, vleijen wij ons niet! dat volk, zoo fier van aart,
Zal nimmermeer een vorst, wiens kroon het Moorsche zwaard
Verdedigde, zijn trouw, zijn liefde en eerbied schenken;
En 't diep gevoel van eer, dat het bezielt, te krenken,
Is de ondergang wellicht, van wie het durft bestaan.
Zoo pogen we 't gevaar der vreemde hulp te ontgaan,
Indien 't nog mooglijk is! Ik heb uw zoon ontboden,
Mevrouw, ik ken zijn hart, ontaard op 't spoor van snooden,
Door heerschzucht weggesleept, door jonglingsdrift verblind,
Maar dat de heilge band, die u aan hem verbindt,
Nog niet verbroken heeft! 't Waar mooglijk dat uw klachten
't Nog weifelend gemoed tot onderwerping brachten.

Één

Één traan, één enkel woord, dat in zijn boezem daal',
Is machtiger op hem, dan al de kracht van 't staal.
Maar wee hem, zoo hij nog hardnekkig durft weêrstreven!
Zijn vonnis is geveld! Wij geven bloed en leven,
Met de eer, het heil, 't bestaan van dit weêrspannig rijk,
Op dat zijn hoogmoed met zijn ademtocht bezwijk'!

THERESIA.

Wat eischt ge van uw Gâ? dat zij zich zal verneêren,
Om met een dubble schand beladen weêr te keeren?
Geen tranen werken meer op zijn verhit gemoed.
Of zoo er zulk een kracht in de inspraak ligt van 't bloed,
Kunt gij die zwakheid dan niet van een moeder wachten?

DE TRAVA.

Hoe! Travaas gemalin mistrouwt dit uur haar krachten,
Wanneer zich 't dierbaar doel van jaren zorg beslischt?
Hier dient geweld gespaard, noch heimelijke list.....
Men komt; 'k laat u alleen, Mevrouw! Wil slechts bedenken,
Dat gij ons op dit uur de zegepraal kunt schenken!

THERESIA, *tot de Trava, die vertrekt.*

Ik zal u waardig zijn. — Herinn'ring aan mijn hoon,
Sluit gij mijn boezem toe voor een ontaarden zoon!

ALFONSUS DE EERSTE,

TWEEDE TOONEEL.

DONA THERESIA, DON ALFONSUS.

ALFONSUS, *ter zijde, bij het inkomen.*

Hoe is mijn ziel ontroerd, bij 't naadren van deze oorden!
Gij, hemel, die mij kent, verteder voor mijn woorden
Het moederlijke hart, dat steeds mij van zich stiet,
En eindig op dit uur mijn folterend verdriet!

(*Tot Theresia.*)

Men heeft me uit uwen naam ontboden, en ik snelde
Mevrouw, op uw gebod, waar ik me een heil uit spelde,
Onschatbaar voor mijn hart.....

THERESIA.

Mijn Heer, een afgezant
Van muitelingen, aan den roem van 't vaderland
Vijandig, dorst zich hier aan ons gezicht vertoonen,
Om plechtig uit hun naam zijn wettig Heer te hoonen,
En eischen op uw last zijn afstand van 't gebied.
Is 't laster, of zijt gij 't, die dus den Staat verriedt?
'k Eisch voor de laatste maal de rechten van een moeder;
Spreek, heeft die woeste drift, van dag tot dag verwoeder,
U eindlijk dan vervoerd, om aan der muitren hoofd

Te

Te pronken met een kroon, aan onze kruin ontroofd?
Om wars van matigheid u tot geweld te wenden,
En in eens moeders recht dat van den Staat te schenden?

ALFONSUS.

De leidsman van mijn jeugd, mijn vaders krijgsgenoot,
(Geen muiteling, Mevrouw, van schaamte en deugd ontbloot,)
Kwam hier om 't Graaflijk recht zijns kweeklings op te vragen.
Maar ach! 't is de eigen haat, die zints mijn eerste dagen
Een hart gepijnigd heeft, geheiligd aan zijn bloed,
Die (ik doorzie 't te wel) nog in uw boezem woedt.
O! moet die wreede straf mij eeuwig dan vervolgen?
Blijft uw misleid gemoed steeds op een zoon verbolgen?
En is (o ijslijkheid!) verzaking van mijn plicht
Het eenig liefdeblijk, waarvoor uw gramschap zwicht?

THERESIA.

Ontaarde, durft gij nog van kinderlijke liefde
Gewagen, die zoo fel een moeders boezem griefde?
Durft gij gewagen van verplichting, eer of deugd,
Wiens dwaze drift naar macht reeds sints uw vroegste jeugd
Een eeuwgen oorlog zwoer, aan die haar tegenstonden?
Helaas! heeft ooit het bloed uw hart aan mij verbonden?
Uw kindschheid, mij reeds vreemd, wees na uws vaders dood,

ALFONSUS DE EERSTE,

De troost, de teêrheid af, die u een moeder bood.
Een stoute hoveling dorst mij uw liefde ontrooven,
Dorst u de Gravenkroon van Portugal beloven,
Ten koste van mijn eer, ten koste van mijn bloed!
Wanhopig, diep gewond in 't vorstelijk gemoed,
Wierp zich mijn weêrloosheid in Graaf de Travaas armen,
Om door dees tweeden echt mijn rechten te beschermen.
Sints dien tijd groeide uw haat; ik zag van rondom mijn troon
Van vijanden bedreigd, en aan hun hoofd mijn zoon!
Ge ontveinst het doel niet meer, dat gij u voor dorst stellen;
De wapens in de vuist ons beiden neêr te vellen,
En grijpen met een hand, nog van dien moord bebloed,
De teugels van een rijk, verdiend door muitrenmoed!
Zoo ver werdt gij verleid door een gevloekt verrader,
Door lage vleijerij en door uw drift te gader!

ALFONSUS.

Wat hoor ik? kan het zijn? en is 't uw hart, Mevrouw,
Dat zoo veel misdaân op mij laadt, dat Egas trouw
Miskent, en ons de ramp dier droeve oneenigheden,
Waarvan ons beider ziel zoo gruwzaam heeft geleden,
Verwijt? o hemel! Ik, een moeders liefde en recht
Versmaden? Ik, den glans aan de oppermacht gehecht,

Door

Door onrecht en geweld, door moedermoord ontwijden?
Helaas! moet ik u nog herinn'ren aan die tijden,
Toen de onschuld van mijn jeugd vergeefsch uw teêrheid zocht,
Verzwolgen in 't gevoel, dat Staatzucht in u wrocht?
Neen, nimmer heeft mijn hart die zaligheid genoten,
Neen, nimmer zaagt ge in mij het kroost uit u gesproten,
Maar steeds den erfgenaam van Hendriks rijksgebied!
Gij zijt het die mij haat, gij, die mij steeds verstiet.
Gij wilt den Castiljaan mijn wettig erfdeel schenken,
Gij, de eer van Portugal, die van mijn afkomst krenken,
En dringen haar en mij een vreemden meester op.
Hoe lang verdroeg ik niet! Thans rijst uw woede in top,
Nu alles van mij vergt dat ik mijn macht zal toonen!
Geen wraakzucht wapent mij. Men poogde mij te hoonen,
Te domplen in een rust, verachtlijk in een vorst;
'k Vergeef met heel mijn ziel, wie mij verneedren dorst!
Maar de eer mijns vaders, neen! laat ik niet ongewroken;
En moet een oorlogsvlam, zoo gruwzaam, hier ontstoken,
Ik strijd voor 't recht mijns volks, voor 't recht op een gebied,
Wier hoede hij aan 't zwaard van zijn Alfonsus liet!
Neen, liever met den haat van heel een aard beladen,
Dan zijn geheiligde asch lafhartig te verraden!

Zints lang, wanneer de nacht reeds heldert aan de kim,
Verheft zich voor mijn oog zijn eerbiedwaarde schim,
En wijst met de eigen hand, wier kracht in vroeger dagen,
Uws vaders vijanden zoo dikwerf heeft verslagen,
Naar de eerkroon, die hem siert, de Gravendiadeem;
En 't bleek gelaat vertoont een akelige zweem
Van droefheid, dat men hem zoo schielijk kon vergeten!
En nu — wat misdaân ook uw drift mij heeft verweten,
Verg alles van een zoon, die om uw weêrmin smeekt,
Beroof hem hier van 't licht, zoo dit uw gramschap wreekt;
Maar o! weêrstreef hem niet in 't volgen van zijn plichten!

    THERESIA, *ontroerd.*

En moet mijn fierheid dan voor uwen invloed zwichten?
En bleef ik, meer dan gij, mijn rang, mijn afkomst waard,
Zoo 'k afzag van den troon, als voor geweld vervaard?

    ALFONSUS.

Geen edelmoedigheid zal u bij 't volk verneêren.
't Zal u als moeder, meer dan als vorstin, vereeren.
Verstomp in hunne hand het staal, en dat mijn jeugd
Den scepter van dit rijk ontfange van uw deugd!

    THERESIA, *ter zijde, met ontroering.*

Wat vreemd en teêr gevoel wordt meester van mijn zinnen?
                                                            O he-

O hemel! zou zijn taal mijn heerschzucht-zelf verwinnen,
En bracht dit oogenblik mij 't hart van moeder weêr?

ALFONSUS.

Men komt.....

THERESIA.

Mijn echtgenoot? Gij zijt gered, mijn eer!

DERDE TOONEEL.

DE VORIGEN, DE GRAAF DE TRAVA.

DE TRAVA.

Gij zegeviert, Mijn Heer! 't volk heeft zijn plicht vergeten!
De stad weêrgalmt alom van woedende oproerkreten.
Men roemt uw naam, als Vorst, als vader van het rijk,
Als wreker van zijn recht; en hoont en vloekt, ten blijk
Der onverwrikbre trouw u in die drift gezworen,
Uw moeder en haar gâ. 't Is al voor hun verloren.
De kroon, met zoo veel glans door hun gevoerd, valt af.
Een zegeteeken nog ontbreekt uw roem, hun graf!
De zwaarden zijn gewet, en niets meer zal ontbreken,
Om 't lang versmoord verdriet nog in dit uur te wreken.
Men spare ons leven niet! Ik wacht van Hendriks zoon
Geen weldaad, dan een dood, gewenscht na zoo veel hoon!

On-

Ondankbren, die nu juicht, als van een dwang ontslagen,
Voor uw onbuigbren trots onteerend, niet te dragen!
Pas uit uw nietigheid herboren, hebt ge 't mij
Te danken, en 't ontzag van mijne heerschappij,
Wier roem aan uwen naam zijn luister mocht verleenen
Zoo gij niet nogmaals kruipt in 't juk der Saraceenen.
Zoo zij, na zoo veel dienst, uw laffe haat mijn deel!
't Is aan uw eigen hand, dat ik mijn wraak beveel!
Wat eerbied wachtte ik nog voor weldaân, rang of plichten?
Voor heerschzucht en verraad moet thans het alles zwichten!

ALFONSUS.

'k Erken in deze taal den dwingland van dees Staat,
Die de asch, het kroost, den roem van haar bevrijder haat!
Men poog' haar grootheid en zijn deugden te verneêren!
'k Verwaardig mij hier niet die poging af te weeren!

(Tot Theresia.)

Maar gij, o! geef gehoor aan d' inspraak der natuur!
Mevrouw, uw heil en 't mijn hangt in dit plechtig uur
Aan u, aan u-alleen! Spreek, mag uw zoon nog hopen?
Of moet hij de eer zijns stams met uwen haat bekoopen?

THERESIA.

Hoe! ik, ik zou ten loon van 't hemeltergendst woên,

Van

Van 't recht, dat ik bezit, gewillig afstand doen?
Alfonsus kan van mij die lafheid niet verwachten!
Zijn voorbeeld leerde mij geen banden heilig te achten,
Geen weêrstand van het hart te ontzien, waar 't heerschen geldt!
Gij ziet mij onbeschroomd te zwichten voor geweld,
Waar met mijn kroost en volk verraadren zamenspannen,
Om mij van dezen troon, mijn erfgoed, te verbannen!
Maar heeft de hemel 't dus besloten, dat ik vall',
Ik zweere 't, dat mijn mond u nooit erkennen zal.
Hier eindigt uwe macht! Laat thans uw grootheid vrezen,
Dat hem een moeders toorn licht kan noodlottig wezen!
Ook ik, ik buige niet! en zij dit de eerste straf,
Die neêrdale op 't bezit van een geroofde staf!

ALFONSUS.

O hemel! is 't genoeg voor plicht en eer geleden?
Mijn volk, mijn vaders eer moet schandelijk vertreden,
Om d' ijsselijken vloek, die mij bedreigt, te ontgaan.
Welaan, hij kneuz' mijn hoofd! ik heb mijn plicht voldaan!

DE TRAVA.

Voor wie zich zeker ziet de zege te behalen,
Is 't licht met schijn van deugd en tederheid te pralen!
Geloof niet dat die schijn de Travaas oog verblindt!

Eer-

Heerschzuchtig, door een drift, steeds opgewekt, ontzind,
Scheen mij, 't is waar, uw hart nog voor een moeder open,
En deed mij voor haar liefde een beter uitkomst hopen.
'k Bedroog mij, en dees dag vernietigde mijn waan.
Uw snoode dorst naar macht, schoon 't alles moest vergaan,
Is in dit onderhoud op 't duidelijkst gebleken!
Ik heb genoeg gehoord! 't is tijd hier af te breken!
Gij kunt thans tegen ons 't geweld verzaamlen gaan.
Uw Ridderschap zal dra ons laatst besluit verstaan!

ALFONSUS.

Geveinsde, 't is dit oord, te lang door u ontheiligt,
Dat u nog voor de straf dier lastertaal beveiligt!
De val, bestemd aan uw gevloekte dwinglandij,
Is foltering genoeg voor snoodaarts, zóo als gij!

VIERDE TOONEEL.

DE GRAAF DE TRAVA, DONA THERESIA.

THERESIA.

Ga, trotschaart, gij kunt thans uw helsche heerschlust boeten!
Uw moeder, uw vorstin ziet ge eindlijk aan uw voeten!
Geniet met heel uw ziel die langgewachte wraak,
Voor dat het dreigend uur van uw verderf genaak'!

Gij

TREURSPEL.

Gij zijt mijn zoon niet meer! en niets kan mij beletten,
Wat bloed het kosten mag, 't zwaard tot uw val te wetten!

DE TRAVA.

Mijn boezem is, als de uwe, in fellen toorn ontgloeid!
De drift die mij bezielt kent niets meer dat haar boeit!
Neen! 'k draal niet! alles moet ter wraak, ter redding spoeden!
Men wil 't: welaan! de krijg zal op dees vesten woeden.
Oproerigen! 'k ontzie uw haat, uw onheil niet!
Vervloekt mijn zegepraal, mijn wetteloos gebied!
Ik zal, dien vloek ten spijt, uw opperheerscher wezen,
En met de hand aan 't staal die heerschappij doen vrezen!
Mijn troon viel door verraad: door list en krijgsgeweld
Ziet gij hem morgen weêr met nieuwe kracht hersteld!
In 't antwoord heden nog door de Edelen bedongen
Doen we afstand van de kroon, als door hun wil gedwongen;
Terwijl hun straf genaakt in schaduw van den nacht!
Maar 'k ga! de Saraceen, die mijn bevelen wacht,
Moet zonder meer verwijl zich spoeden naar de kusten!
Beef, jongling, nog dees nacht kunt ge als verwinnaar rusten!
Gij kunt mijn oppermacht nog zoo lang slechts ontgaan:
De dag die morgen rijst ziet u mijn onderdaan!

Einde van het Derde Bedrijf.

VIERDE BEDRIJF.

EERSTE TOONEEL.

DON EGAS, *Portugeesche Edellieden.*

EGAS.

Doorluchte Riddrenrei, gewoon aan 't zegepralen!
Wat treffender triomf kon ooit uw deugd behalen
Dan die, waarvan dees dag den eersten glans begroet?
De zoon des oorlogshelds, zoo heilig aan uw moed,
Die op zijn vaders spoor en 't uw, met de eigen vanen
Zijn krijgren steeds het spoor der glorie wist te banen,
Die in het prilst der jeugd reeds de ongunst ondervond
Van 't noodlot, en zoo grootsch 't langdurig leed doorstond,
Wiens deugd de diadeem hem door zijn rang verschuldigd
Verdiende, wordt in 't einde als wettig Graaf gehuldigd!
De dwinglandij, die hier den kop verheffen dorst,
Verneêrt zich voor een wenk van d' Adel en den Vorst,
En wie hen hoonen dorst, zal hier geen wet meer geven!
Ja, edelmoedig volk! gij zijt van 't juk ontheven
Der vreemden! 't Is het kroost, gekoesterd in uw schoot,

Van

Van die u redding bracht in d' ijsselijksten nood,
Die van een nieuwen dwang u weder mocht bevrijden!
Heil, driemaal heil den dag, die 't eind ziet van uw lijden!
Herbloei, mijn Portugal! en doe den Saraceen,
Die zich nog veilig acht door onze oneenigheên,
Op nieuw uwe overmacht op 't slagveld ondervinden!
Mijn boezem is verrukt van vreugde! Ja, mijn vrinden,
'k Weêrhou de stem van 't hart, bij zoo veel blijdschap, niet.
'k Ontfing het levenslicht in dit geliefd gebied:
Ik zag den Saraceen, beheerscher dezer streken:
'k Zag door Don Hendriks arm die overmeestring wreken,
In 't heetste krijgsgevaar steeds strijdend aan zijn zij':
Ik zag het vaderland in zijne heerschappij
Gelukkig, en zijn zorg steeds voor haar welzijn vaardig:
Ik kweekte 't dierbaar kroost, zoo groot een vader waardig,
In diepen eerbied op voor zijn gedachtenis,
En, zoo hij 't voorwerp thans van uw vereering is,
Ik zag die deugden in het jeugdig hart ontluiken,
Die 't schandelijk ontwerp van snoode heerschzucht fnuiken.
Maar wat onschatbre vreugd dees dag van glorie biedt,
Vergeten wij 't gevaar, dat hier kan schuilen, niet!
De Travaas Staatszucht, voor geen misdrijf ooit verlegen,

D 2   Zoekt,

Zoekt, in zijn woede, licht door heimelijke wegen
Te keeren tot dien troon, waarvan hij afstand deed.
Gij kent zijn haat voor u en Hendriks zoon. Wie weet,
Wat gruwelen hij smeedt, om zich op het te wreken?
Zoo wachten we ons het zwaard reeds zorgloos op te steken!
De Vorst heeft op mijn raad, in d' afgelopen nacht,
Driehonderd Ridderen in haast bijeen gebracht,
Om op het eerst gerucht van naadrende gevaren,
Zich tot de nederlaag der snooden te vergâren!
Gij zelf houdt u gereed te strijden aan hun hoofd,
Schoon ons dit uur nog niets dan zuivre vreugd belooft!
Men komt.... het is de Graaf! zijn Gade volgt zijn schreden.
(Ter zijde.)
Hoe tuigt nog 't voorhoofd, wat zijn boezem heeft geleden!

TWEEDE TOONEEL.

DE VORIGEN, DON ALFONSUS, DONA MATHILDA.

EGAS.

Ontfang, geliefde Vorst! door 's hemels wil hersteld
In rechten, lang miskend door 't Castiljaansch geweld,
De hulde van een volk, dat, zonder u verloren,
Nog 't dwangjuk torsfchen zou, door vreemden haar beschoren!

Uw

Uw trouwelooze voogd, verrader van den Staat,
En bij den Portugees zints lang veracht, gehaat,
Leî zijn geroofde macht in onze handen neder:
En zien wij dezen dag een wettig meester weder,
Zoo breng' de Ridderschap, steeds trouw aan Hendriks bloed,
U, als regeerend Graaf, den allereersten groet!

Wij zweeren plechtig nooit die trouwheid te verzaken,
Voor u en voor uw kroon, als voor ons land te waken,
Aan uw en hun behoud ons leven met ons zwaard
Te wijden! Dierbre schim, die om ons henen waart,
En meê de vrijheid viert van dees geliefde streken!
Getuig dees heilgen eed, en help den meineed wreken;
En zie, wanneer het graf ons kluistert in haar nacht,
Onze afkomst steeds getrouw aan uw doorlucht geslacht!

ALFONSUS.

En ik, ik zweer met u aan 't heil der Portugezen,
Aan de eer van deze kroon steeds toegewijd te wezen!
Het recht te eerbiedigen, en wie het mocht versmaân,
Te straffen met dit staal, al moet ik zelf vergaan!
Of zoo ik ooit het spoor mijns vaders mocht vergeten,
Zoo 'k me ooit de schennis van uw rechten kon vermeten,
Zoo wreek' haar uwe deugd, en zij op de eigen stond

De band vernietigd, hier gesloten door uw mond!

Ja! dierbaar is me een kroon, uit uwe hand ontfangen,
En dierbaar het bestuur van Portugals belangen!
Maar ach! de schittering der Graaflijke oppermacht
Geneest de wonden niet, mijn boezem toegebracht.
Helaas! die hooge rang, waarin ik werd geboren,
Heeft voor Alfonsus hart zints lang haar zoet verloren!
En zoo zij thans dit rijk van 't vreemd geweld verlost,
Gij weet het, trouwe rei, wat mij die zege kost!

(Tot Mathilda.)

Een heil nog is voor mij de vrucht van 't zegevieren!
Uw schedel met den glans der diadeem te sieren,
Geliefde leedgenoote, en heul bij zoo veel leed!
En o! dat zij in 't eind den nevel scheuren deed,
Die 't voorhoofd overdekt, van kommeren beladen!

MATHILDA.

De bron der tranen, waar mijn oogen steeds in baadden,
Is nog niet uitgeput. Helaas! nog blijft mijn hart
Bedrukt, en ducht een ramp, voor mijn verstand verward!
De dwingland lei zijn macht vrijwillig aan uw voeten?
Wel nu! zoo heeft hij thans een dubble wraak te boeten!
Ja, helden, wijt mijn vrees de zwakheid van een vrouw!

Aan

Aan d' afstand, dien hij deed, blijft Trava nooit getrouw!
En, daar zijn vijanden zich reeds verwinnaars wanen,
Schaart licht een snoode stoet zich heimlijk om zijn vanen!

ALFONSUS.

En wien verdenkt uw zorg van zulk een laf verraad,
In 't vorstlijk Guimaraëns, dat met geheel den Staat
Den dwingland met haar vloek zints lang heeft overladen?
Zijn Spaansche gunstlingen! Ziedaar, wie hem aanbaden!
Ziedaar de vijanden, nog op dit uur geducht!
Of, dierbare, is er vrees, waar op het minst gerucht
Drie honderd Edelen, gehard in krijgsgevaren,
Niet minder groot in deugd, zich om mijn lijf vergaren?

MATHILDA.

Ja, voor mijn angstig oog is alles hier verdacht!
En zoo ge u voor geweld genoeg beveiligt acht;
Kende ooit uw eedle ziel de afschuwelijke paden,
Die 't zwart verraad doorkruipt, om zijn vergif te ontladen?
Nog gistren was 't de macht des wreeden dwingelands,
Waarvoor ik sidderde! Het is zijn onmacht thans!
O hemel, die mij kent, en wat ik heb geleden!
Uw gunst verleene een perk aan mijne angstvalligheden!
Of dreigt mij in deze angst een nog verschrikbrer ramp,

Dan

Dan al de tegenheên, waar 'k jaren reeds meê kamp,
En is dees dag van roem noodlottig voor mijn Gade;
Zoo eindig', met mijn dood, des noodlots ongenade!
Te siddren zonder eind voor 't dreigen van den nood,
Is wreeder duizendmaal dan de allerwreedste dood!

DERDE TOONEEL.

DE VORIGEN, DON LORENZO D'AGANIL.

LORENZO.

De Graaf de Trava!

ALFONSUS.

Hij, kan 't zijn!

(*Tot Lorenzo*)

Men doe hem naadren!

(*Lorenzo vertrekt.*)

MATHILDA.

De Trava! Welk een schrik verspreidt zich door mijn aadren!
Op 't hooren van dien naam, die me ijslijkheên voorspelt!

ALFONSUS.

Gij ziet mij diep verbaasd. 'k Had nooit mij voorgesteld,
Mijn moeders echtgenoot te aanschouwen in deze oorden!

MATHILDA.

Vertrouw zijn daden niet, maar even min zijn woorden!

VIER-

TREURSPEL.
VIERDE TOONEEL.

DE VORIGEN, DE GRAAF DE TRAVA.

DE TRAVA.

Het onstandvastig lot, dat troonen sticht en slecht,
Wiens grilligheden noch verdienste ontzien, noch recht,
Heeft op het onverwachtst mij van den troon verstoten,
Waartoe me een huwlijk riep, tot steun van 't rijk gesloten,
'k Zie thans in uwe hand den scepter, dien ik droeg!
'k Betreur die grootheid niet. Het is mijn hart genoeg,
Dat ik, wat laster zich mijn vijanden vermeten,
Nooit vorstenwaarde of plicht laaghartig heb vergeten.
In d' oorlog opgevoed, in 't doornig staatsbestier,
Wachtte eindlijk kalmer tijd mijn matte grijsheid hier!
En, zoo tot nog mijn hand de teugels dezer Staten
Geklemd heeft, en haar macht van zelf niet heeft verlaten;
De roepstem van de plicht weêrhield haar. Heeft mijn echt
Mij deelgenoot gemaakt aan 't thans verschopte recht
Der Spaansche rijksprinses, mijn gemalin, uw moeder,
Zoo was ik steeds haar rijk- en eer- en troonbehoeder,
En riep zij nog dit uur, als Portugals Gravin,
Haar oude rechten, en haar gaâs bescherming in,

Ik zou niet aarzlen die te omhelzen en te wreken.
Ik volg ook thans haar wil! Haar fierheid is bezweken
Voor 't openlijk geweld, bevolen door haar zoon!
Zoo woeste muiterij beslischt van dezen troon,
Zoo acht ik mij als haar ver boven hem verheven! —
Wij hebben beide ons recht aan 't oproer opgegeven!

ALFONSUS.

Is dit het doel, Mijn Heer, het geen u herwaarts bracht,
Een volk te lasteren, dat zich gewettigd acht,
Zich van een vreemden dwang ontslagen te verklaren!
Zoo deed gij beter mij dit onderhoud te sparen!

DE TRAVA, *ter zijde*.

O trotsch, dien 'k nog verdraag, maar haast verplettren zal!

(*Tot Alfonsus.*)

Verschoon, 'k vergat in u den Graaf van Portugal!
Een wichtiger belang geleidde hier mijn schreden.
Een moeder eischt van u, na wat zij heeft geleden,
Één gunst, één recht nog op. Als zoon, als Vorst, Mijn Heer,
Vraagt zij van u 't herstel van haar geschonden eer.
Zij werd tot d' afstand, ja, der heerschappij gedwongen,
En steeg haar zetel af. Men heeft nog niet bedongen,
Dat wie hier gistren nog met vorstelijk ontzag

Ver-

TREURSPEL.

Vereerd werd, die den Graaf, gehuldigd op dees dag,
Het licht gaf, ook den hoon, dien zij ontfing, zou smoren.
Nog was zij 'slands Gravin, toen zij den smaad moest hooren,
Van wie uw naam en last misbruikten. Zij verwacht,
Dat hier voor 't minst uw hart, gevoelig aan haar klacht,
Om haar-, om uwentwil haar wraak niet zal versmaden!
Wie strafloos onze kruin met hoon dorst overladen,
Randt uw ontzag weldra met de eigen stoutheid aan!

ALFONSUS.

O hemel! kan het zijn, en heb ik wel verstaan?
Of was 't een ijdle klank, als in verwarde droomen,
Bedrieglijk voor 't gehoor? — Wat deed u herwaarts komen?
Verklaar uw reednen, spreek! wat wil men?

DE TRAVA.

Egas straf!
Of hield dit meê de last, die hem zijn meester gaf,
Bij d'afstand, dien hij eischte, uw moeder snood te hoonen?
Zoo neen! zoo moet geen gunst een onderdaan verschoonen,
Waar 't de eer van uw gebied, de eer van uw afkomst geldt!

ALFONSUS.

Hoe! durft men van mijn hand de straf van zulk een held
Verwachten? Ik, den bloem der Portugeesche Ridderen,

Wiens

Wiens onverwrikte moed het misdrijf steeds deed sidderen,
En voor wiens grootsche ziel ik geen belooning ken,
Opoffren aan een haat, waarvan ik 't voorwerp ben?
Mijn hand waar' eer in staat den snoodaart neêr te vellen....
'k Vergeef uw wanhoop slechts wat gij mij voor dorst stellen!

(Men hoort van binnen een gerucht van inkomenden.)

Maar welk een woest gerucht drong door tot deze zaal?
Wat zie 'k?... O hemel! 't is mijn moeder!

DE TRAVA.

'k Zegepraal!

VIJFDE TOONEEL.

DE VORIGEN, DONA THERESIA *gewapend*,
gevolgd van Spaansche Edellieden.

THERESIA.

Gehate muiters, beeft! en kromt u aan mijn voeten!
Gij zult nog in dit uur uw vloekbren aanslag boeten!
'k Verklaar mij hier op nieuw Gravin van Portugal!

MATHILDA.

Heb deernis, hemel, en verhoed Alfonsus val!
Verschrikkend voorgevoel, gij hebt te waar gesproken!

THE-

THERESIA.

De smet is uitgewischt! onze oneer is gewroken!
Gebannen van mijn erf door een ontmenschten zoon,
Wreekt mij een vreemde hand van dees ondraagbren hoon.
(Tot Alfonsus.)
Ga, hoed de rechten thans, die muiters u verleenen,
Voor 't lot dat hen bedreigt! Vijfhonderd Saraceenen
Ontblooten tot uw val het straffend oorlogszwaard!

ALFONSUS.

En waant ge Alfonsus ziel voor dreigingen vervaard?
En waant men dat ik niet eer voor mijn recht zou sneven,
Dan 't aan het krijgsgeweld der Mooren op te geven?
Maar 's hemels gunst waakt nog voor dees verdrukten Staat,
En stelt het doel te loor van 't schreeuwendste verraad!
Dees snoodbedreigde stad zal nog beschermers vinden!
De vaak verneêrde Moor, die zich durft onderwinden
Den wil des Lusitaans te dwingen met het staal,
Schenkt haast mijn Ridderen een dubblen zegepraal.
Roem vrij uwe overmacht! Één handvol van mijn helden,
Zal meer dan duizenden, zal meer dan legers gelden!

MATHILDA.

Gaat, wreedaarts, die nu juicht bij zoo veel gruweldaân,
                                               Gaat,

Gaat, doet geheel het rijk in mijn Gemaal vergaan,
En beeft! Mijn wanhoop zal zijn neêrlaag overleven,
Maar zal zijn val ten zoen, verraders, u doen sneven!

DE TRAVA.

Wat waagt men van verraad? — Voor wetteloos geweld
Bezweek ons recht! De hulp eens bondgenoots herstelt
De dochter van Castielje in 't erfgoed van haar vader!
En ik, als wettig Graaf, als haar gemaal te gader,
'k Gebied het voor het laatst! Men keere tot zijn plicht!
Het wraakzwaard is gereed, zoo 't oproer nog niet zwicht!

ALFONSUS.

Men wil 't, ik aarsel niet! Welaan! Ten strijd getogen,
En 't recht der kroon door 't bloed beslischt! Het Alvermogen
Waakt, Ridders, voor onze eer en voor het vaderland!

THERESIA.

Ontaarde, ja, ten strijd gevlogen! 'k Voel me ontbrand
In nooit gevoelde drift om vorsteneer te wreken!
Geen kracht zal in den strijd aan dezen arm ontbreken!
Veroordeeld door het lot, stelt ge u vergeefsch te weêr!
Op heden stort uw trotsch voor 's hemels bliksem neêr!

(Zij vertrekt met haar Echtgenoot en gevolg.)

ZESDE TOONEEL.

DON ALFONSUS, DONA MATHILDA, DON EGAS,
Portugeesche Edellieden.

ALFONSUS.

Ten strijd dan, zoo 't moet zijn! Kom, spoeden wij, mijn helden!
En rook' het Moorsche bloed op dees roemruchte velden,
Door hun ontheiligd! 'k Ga u voor, waar 't de eer gebiedt!
Welaan! de pijn versmoord van 't wreedste zielsverdriet!
De hand vergeten, met uw haters zaamgezworen,
Mijn Portugal! om mij den boezem te doorboren!
'k Ben de uwe, de uwe alleen, zoo lang hier de oorlog woedt,
En aan uw vrijheid wijde ik meer nog dan mijn bloed!
Kom, gaan wij, laat dees dag een schooner zege tuigen,
Dan ooit den Saraceen den snooden kop deed buigen!
En dan.... herneem uw prooi, verteerend smartgevoel!

(*Tot Mathilda.*)

En gij, mijn dierbre, o! weer de wanhoop! 't krijgsgewoel
Is niet, wat mij bedreigt met de ijslijkste gevaren!
Vertrouw, de kampstrijd zal hem aan uw liefde sparen!

MATHILDA.

De moed mag wondren doen, maar de overmacht verplet!

ALFONSUS DE EERSTE,

ALFONSUS.

Het vaderland in nood, geliefde, moet ontzet!
Zij zal het, door den moed van mijn rechtschapen Ridderen!
En 'k weet, zoo min als zij, voor de overmacht te sidderen!
Vaar wel! Gij ziet weldra mij als verwinnaar weêr!

(Hij vertrekt met de zijnen.)

MATHILDA.

O hemel! stem mijn beê!... Helaas! ik kan niet meer!

(Zij zijgt in een armstoel neder.)

Einde van het Vierde Bedrijf.

TREURSPEL.

VIJFDE BEDRIJF.
EERSTE TOONEEL.

DONA MATHILDA, *alleen.*

Hoe is mijn borst beklemd! mijn geest ter neêrgeslagen!
O angsten, drukkender dan 't onheil zelf te dragen!
O angsten, groeijende met ieder oogenblik!
Helaas! het minst gerucht vervult mijn hart van schrik!
De stilte beeldt den dood voor mijn benevelde oogen!
Mijn Egâ is ten strijd (en welk een strijd!) getogen,
En ik, ik deel met hem in al zijn aakligheên!
De slagen van het zwaard weêrgalmen door mijn leên!
En ieder slag dreigt mij zijn val! Wat moet ik vrezen?
Zal de uitslag van den strijd, mij, hemel! doodlijk wezen? —
En niemand nadert nog! — Zal mij voor 't minst geen bô
De pletterende maar mijns onheils brengen? O!
Zoo maakte een snelle dood aan mijne onzekerheden
Een eind! — Waar vinde ik troost, of waar wende ik mijn schreden?
Ach! mocht ik vliegen naar den strijd! Ach! mocht mijn oog
Getuigen, dat mijn angst mijn minnend hart bedroog!

E   Waar-,

Waar-, waarom mocht mijn arm der waapnen last niet dragen?
'k Zou waken voor zijn hoofd, ik zou des vijands slagen
Afweeren op mijn borst of sneven aan zijn zij!
In dit paleis geboeid, is 't gruwlijkst, wat ik lij'!
Men nadert.... 't Is een bo, van uit den strijd gezonden!
Hoe klopt mijn hart, voor 't geen zijn mond mij gaat verkonden!

TWEEDE TOONEEL.

DONA MATHILDA, EEN SCHILDKNAAP.

MATHILDA.

Mijn echtgenoot.....

DE SCHILDKNAAP.

Hij leeft, Mevrouw! Nooit blonk zijn moed
Met schitterender glans. Het Saraceensche bloed
Stroomt, waar hij treedt, langs 't veld, en mengt zich aan de golven
Des Aves die 't besproeit. De trouwe Ridders volgen
Den weg hun door zijn zwaard gebaand ten zegepraal!

MATHILDA.

Kan 't zijn? en mag mijn hart dit strelende verhaal
Vertrouwen? jongeling! laat mij uw mond nog melden,
Wat wonder medewerkt tot redding onzer helden,
Dat de overmacht des Moors hun niet te vrezen zij!

DE SCHILDKNAAP.

Ja, 's hemels gunst, Mevrouw, stond onze helden bij!
De Castieljaansche stoet had dit paleis verlaten!
De vloekkreet van het volk weêrgalmde langs de straten.
Zij snellen langs een weg, wier eenzaamheid hen hoedt,
De pas ontscheepte macht der Mooren te gemoet.
De Graaf was middlerwijl tot aan het oord genaderd,
Waar zich de menigte der Ridders had vergaderd,
Verwittigd van 't gevaar door d' algemeenen schrik.
Drie honderd krijgeren zijn in een oogenblik
Rondom den Vorst vergaârd, gereed het al te wagen.
't Vertrouwen dat hun deugd de zege weg zal dragen,
Leeft in zijn glinstrend oog, en geeft een nieuwen moed
Aan 't volk, dat hem alom met dankbre zegens groet.

Dus waren wij de stad ter poort toe doorgetrokken
In stille statigheid, en stapten onverschrokken
Den vijand in 't gemoet, wiens ijdele overmacht
Met brandend ongeduld het uur van strijden wacht.
Men schaart zich onverwijld. Van uit het heir der Mooren
Doet zich aan alle kant het dreigend ALLAH hooren,
En davert door de lucht met steeds vernieuwd geweld.
Wij naadren kalm en stil, tot midden op het veld

Uw

Uw Egâ aan ons hoofd, het oog ten hemel heffend,
Zijn boezem lucht geeft in dees woorden, grootsch en treffend:
„O hemel, die het lot der menschlijkheid bestiert!
„Het zij mijn degen in den kampstrijd zegeviert,
„Het zij me een eerlijk graf op 't slagveld is beschoren;
„Getuig gij welk een drift mij heden aan kon sporen,
„Den slag te weeren die een moeder bij bereidt!
„'k Strijd voor mijn vaders eer, voor de onafhanklijkheid
„Van 't rijk, bevrijd door hem, door zijn gebied beveiligd.
„Ik heb aan hunne zaak mijn leven toegeheiligd,
„En 'k zal voor hunne zaak verwinnen of vergaan."
Wij heffen op dees taal een kreet ten antwoord aan:
Reeds woedt des veldheers zwaard op 's vijands dichtste drommen,
Wij volgen hem! de vlam des oorlogs is ontglommen!
't Gekletter van het staal, der krijgren woest gerucht,
Het nederploffen der gewonden vult de lucht.
Wie maalt de stroomen bloed, die bruischen langs de velden?
Wie meldt de menigte der reeds gevallen helden?
De aanvallers dringen aan met leeuwenkracht. De Moor
Biedt hun wanhoopig weêr, en staat hun woede door!
Maar wat verduurt de kracht van Don Alfonsus degen?
Waar hij dien bliksem zwaait, staat hem geen vijand tegen;

En

En mooglijk had de Moor, voor zijnen arm beducht,
Zich reeds beveiligd door een overhaaste vlucht!
Maar Trava en zijn Gâ, die woedend op ons vielen,
En steeds vooruit zijn in het heetst des strijds, bezielen
Hun bondgenooten met den haat, die in hun brandt!
Doch wat die woeste moed vermag, hun tegenstand
(Geen twijfel!) zal weldra voor eedler moed bezwijken.
Toen ik het slagveld liet, zag 'k reeds allengs hen wijken:
Verwacht elk oogenblik de tijding van hun val,
Mevrouw! Ik spoed naar 't oord, dat dien getuigen zal!

DERDE TOONEEL.

DONA MATHILDA, *daarna* DONA LEONORA.

MATHILDA.

O onverwachte troost, gij schenkt mij 't leven weder!
Voltooi die zegepraal, o hemel, en verneder
Den haat, die aan den rang van mijn Gemaal gehecht
De wreedste foltring schiep uit een zoo zaalgen echt!

(*Tot Leonora, die binnen treedt.*)

Wat brengt mijn Leonoor? wat heeft uw oog vernomen?
Is reeds mijn echtgenoot 't gevreesd gevaar ontkomen?
Heeft de overwinning zich voor de onzen reeds verklaard?

ALFONSUS DE EERSTE,

LEONORA.

Van op den torentrans heeft lang mijn oog gestaard
Op 't slagveld, dat eerlang ons noodlot moet bepalen!
'k Zag 't zwaardgeflikker in den gloed der zonnestralen,
Mijn oog vernam den krijg- en woede- en wanhoopkreet
Der strijdren, die geen blijk mij onderkennen deed,
In 't wisselend gewoel der wapenen verzwolgen.
Zoo mocht mijn oog alleen de stand der legers volgen;
Ik staar dien bevend na: mijn hart richt naar den loop
Der golvende banier zijn' angsten en zijn hoop.
Lang stond de kans des krijgs: de Castiljaansche vanen
Zag 'k beurtlings deinzen voor 't geweld der Lusitanen,
En beurtelings den grond herwinnen; als in 't end
Op eens een voorval, me op dit uur nog onbekend,
Het stijgend krijgsrumoer een tijd lang deed bedaren.
Aan beide kanten zag 'k het heir zich vreedzaam scharen:
De klank van 't moordmetaal zweeg éénsklaps in de lucht. —
Één schrikkelijke kreet vernieuwt het woest gerucht.
De woede van de wraak schijnt thans den strijd te mengen,
Het zwaard met heeter dorst des vijands bloed te plengen!
Maar toen ik tot u spoedde en van den toren week,
Scheen 't mij de Saraceen, die reddeloos bezweek!

MATHILDA.

Wat heeft mijn bange ziel van uw verhaal te wachten?
Een enkel oogenblik mocht slechts mijn smart verzachten;
Een enkel oogenblik stort me in nog wreeder angst!

LEONORA.

Het uitstel tergt, Mevrouw, uw tedere verlangst!
Wat vreest gij, als de Moor voor de onzen is geweken?

MATHILDA.

Ach! 't is mijn Gade licht, dien thans zijn Ridders wreken...

LEONORA.

Lorenzo nadert ons. Verban uw vrees, Mevrouw,
'k Voorspel uit zijne komst het einde van uw rouw!

VIERDE TOONEEL.

DE VORIGEN, LORENZO.

LORENZO.

Mevrouw, de zege is ons! de Saraceenen vluchten!
Geen overweldiging staat langer ons te duchten!
Uw Egâ heeft den kop des dwingelands verplet!
Ons Portugal is vrij en Guimaraens gered!

MATHILDA.

Alfonsus triomfeert! O vreugde zonder gade!

O ziel-

O zielverrukkend blijk der hemelsche genade!
Spreek, bode van mijn heil, hoe is dit toegegaan?
Doe mij een trouw verhaal des zegepraals verstaan!

LORENZO.

't Is u bewust, Mevrouw, hoe de aanval onzer Ridderen
Bij d' allereersten schok den Saraceen deed sidderen,
En hoe hij daadlijk reeds, verbaasd voor zoo veel moed,
Met onuitwischbre schand' zijn stoutheid had geboet,
Zoo Travaas woede niet zijn arm met zijn vertrouwen
Gesterkt had, en zijn voet op 't veld van eer weêrhouên.
Maar toen Alfonsus zwaard zijn krijgren wijd en zijd
Ter neêr velde en vervolgde, en de uitslag van den strijd
Nabij scheen met de vlucht van Travaas bondgenooten,
Toen heeft de wanhoop hem één middel nog ontsloten,
De laatste poging van zijn moed en krijgsbeleid!
Zijn krijgren, in 't gevecht te ver uit een verspreid,
Vergaârt hij in één wenk tot dichtgesloten drommen,
En stelt zich aan het hoofd dier machtige kolommen,
En rukt op de onzen aan met onverdeelde kracht.
Wij staan een oogenblik voor Travaas overmacht
Verbaasd.— Op 's Vorsten spoor in nieuwe woede ontstoken,
Heeft onze vuist weldra dit oogenblik gewroken!

Nu

TREURSPEL. 73

Nu was der strijdren bloed van weêrzij' felst ontgloeid,
Nu was de strijd ten top van hevigheid gegroeid;
Als op het onverwachtst, waar hij het schrikbaarst blaakte,
Een treffender tooneel de krijgsrumoeren staakte,
En aller oogen op één punt gevestigd hield.
Don Egas, in 't gevecht nog met het vuur bezield
Der jeugd, en in 't gewoel der dringendste gevaren
Gereed om met zijn bloed zijn kweekling te bewaren,
Had Travaas wakend oog getroffen. De oude haat,
Waarmeê zijn snoode ziel de reinste deugd belaadt,
Juicht dat zij in het eind Don Egas mag ontmoeten!
Hij vliegt, om in zijn bloed haar heete dorst te boeten,
En roept, eer dat de held dien aanval nog vermoedt,
Hem woedend toe: ,, Versmoor, oproerige, in uw bloed,
,, En klaag uw Hendrik 't lot, aan wie hem eert, beschoren!"
De stem des dwingelands drong in Alfonsus ooren:
Reeds is hij toegesneld, reeds is de slag geweerd,
En 't zwaard dat Egas dreigde, op uw Gemaal gekeerd.
Zijn hart ontbrandt in drift: ,, Uw straf hoort mij, verrader!
Dus galmt hij vurig uit: ,, Gij, schimmen van mijn vader,
,, Te lang ontheiligd door zijn overmoed! Zijn val
,, Verzoen' dit uur uwe asch en de eer van Portugal!"

E 5   Hij

ALFONSUS DE EERSTE;

Hij spreekt, en heeft met een den tweestrijd aangevangen,
Van wiens beslissing 't lot der legers af zal hangen.
Lang weifelt de oorlogskans: lang vindt des wrekers hand
In 's vijands grijs beleid hardnekkig tegenstand.
Nu waagt hij 't uiterste, om 't uiterste te trachten,
En tilt het zwaard om hoog, en zamelt al zijn krachten,
En klieft den koopren helm, en met hem 's dwinglands kop!
De galm des zegekreets heft zich ten hemel op,
De kreet der woede van den vijand galmt hem tegen.
De wanhoop van den Moor is nu ten top gestegen.
Hij wil in blinden moed zich wreken en vergaan!
De trouwlooze Afgezant voert zelf hen op ons aan;
't Is vruchtloos: 's vorsten staal heeft ras zijn borst doorstoten,
En alles is gedaan! Zijn woeste krijgsgenoten
Verliezen met zijn dood hun redeloozen moed,
En vlieden over 't veld, bedekt met stroomen bloed.
Uw egaäs moeder zelf zoekt vruchtloos door te breken
Om d' echtgenoot, wiens lot zij pas vernam, te wreken;
De stroom der vluchtenden vervoert haar met geweld!

De Ridders middlerwijl vergaderd op het veld,
Biên hulde aan uw Gemaal voor zoo veel deugdbetooning:
De lucht herhaalt op eens hun kreten LEEF DE KONING!

Het

Het is die naam voortaan, waaronder Portugal
Zijn redder en 't geslacht zijns redders eeren zal!
De stad weêrgalmt dien naam, van blijdschap uitgelaten,
't Snelt alles zamen door haar vrijgevochten straten,
Om d' aangebeden Vorst den eersten groet te biên.
Gij zult weldra, Mevrouw! hem in deze oorden zien.
Elk oogwenk tevens tergt zijn ongeduld!

(*Men hoort het gejuich der menigte van verre.*)

          Hij nadert!

De kreet van 't juichend volk rondom zijn schreên vergaderd,
Verkondigt ons den Vorst!

VIJFDE TOONEEL.

DE VORIGEN, DON ALFONSUS, DON EGAS,
Gevolg van Portugeesche Edellieden.

MATHILDA.

       Wees welkom aan mijn hart,
Verwinnaar van 't geweld, en temmer van mijn smart!
Des hemels eêlste gunst heeft u der min behouên!

ALFONSUS.

O zaligende stond, die me u weêr deed aanschouwen!
Die de aakligheên verdrijft der zorg, die u verteert!

            Gij

ALFONSUS DE EERSTE,

Gij ziet me in zegepraal als Koning wedergekeerd;
Maar weet hoe min die glans mij kan gelukkig maken.
Het is slechts aan uw zij', dat ik nog heil kan smaken!

MATHILDA.

Wat somberheid trekt uw gelauwerd voorhoofd zaam?
Uw moeder?... (ach! mijn mond noemt bevende dien naam!) —
Is Travaas gade u nog de bron der bangste zorgen?

ALFONSUS.

Wat heeft mijn hart voor u, mijn zielsvriendin, verborgen?
'k Ontveins niet voor het oog der liefde! Ja, dees stond
Bestemt het lot van heel mijn leven, door den mond
Dier moeder, zoo geducht! —. Na dat zij met haar benden
In 't eind genoodzaakt werd, zich tot de vlucht te wenden,
Heeft ze in haar nederlaag, met de eigen moed bezield,
Zich in een' burcht verschansd, vervallen, half vernield,
Om met haar zwakken stoet verslagen oorlogslieden,
Van alle hoop ontbloot, nog wederstand te bieden!
Ik deed haar onverwijld den vrijen aftocht biên —
En wacht elk oogenblik den zendling hier te zien
Daar is hij zelf! Wat lot zal mij zijn komst verkonden?

TREURSPEL.

ZESDE TOONEEL.

DE VORIGEN, DE SCHILDKNAAP.

ALFONSUS.

Welnu!

DE SCHILDKNAAP.

Zie daar, Mijn Vorst, het antwoord, u gezonden!
(*Alfonsus leest den brief, hem overgegeven,
met zichtbare ontroering.*)

MATHILDA.

Hoe is zijn oog ontroerd!

EGAS.

Hoe is mijn ziel begaan!

ALFONSUS.

Gerechte hemel! 't Is met alle hoop gedaan!
Verneemt, verneemt met mij het vonnis van een moeder!
Den laatsten slag van 't lot, steeds op mijn hoofd verwoeder!
„De roover van mijn kroon, de moorder van mijn Gâ,
„Tot overmaat van smaad, biedt mij nog lijfsgenâ!
„'k Verfoei den hoon dier gunst, en ga een rijk verlaten,
„Dat ik van dezen stond, zoo fel als u, zal haten;
„Maar baan mij zelf een weg, zoo 't zijn moet, met mijn bloed!
„Mijn

„Mijn vloek, ziedaar uw straf, ziedaar mijn afscheidsgroet!"
Verpletterende wraak! werd daartoe dan mijn leven
Gespaard? O! had me uw hand op 't slagveld eer doen sneven,
Mijn moeder, en uw haat getriomfeerd op 't lijk
Van uw rampzaalgen zoon!

MATHILDA.

     Ach! dat die wanhoop wijk',
Geliefde, voor de smart, die mij ter dood zal voeren.
Hoe! kan mijn tederheid uw boezem niet ontroeren?
Is zij, die tot uw val geen gruwel heeft gespaard,
U meer dan 't leven van eene echtgenoote waard?

EGAS.

Mijn Koning! uwe hand heeft voor de zaak gestreden
Des hemels, en uw deugd een moeders vloek verbeden!
Geniet den roem der zege, en, schuldeloos, vergeet,
Wat zich haar razernij nog tegen u vermeet!

ALFONSUS.

Neen, aangebeden vrouw! neen, edelste aller vrinden!
De wond van deze borst zal nooit verzachting vinden!
Het lot, wiens toorn ik lij', vereeuwigt zich dees dag!
Ga, stervling, leer van mij wat al de glans vermag
Van rang en grootheid! Op de koningstroon gezeten,

In

Milton Keynes UK
Ingram Content Group UK Ltd.
UKHW030851061124
450709UK00007B/68